Daniel Langhans

Kandidatur als Oberbürgermeister

Fröhlich im Widerstand

mit einem Vorwort von Bodo Schiffmann

WÖRNER *Medien*

meiner lieben Frau

„Wenn jeder wartet, bis der andere anfängt, ... wird auch das letzte Opfer sinnlos in den Rachen des unersättlichen Dämons geworfen sein. Daher muss jeder einzelne seiner Verantwortung als Mitglied der christlichen und abendländischen Kultur bewusst in dieser letzten Stunde sich wehren, soviel er kann, arbeiten wider die Geißel der Menschheit, wider den Faschismus und jedes ihm ähnliche System des absoluten Staates."

1. Flugblatt der „Weißen Rose"

Inhalt

Einleitung

Was die Bürgerrechts-Bewegung in Ulm im Winter 2023 auf die Beine gestellt hat, war alle Achtung wert.

Dank der tatkräftigen Mithilfe so vieler lieber Menschen war es gelungen, die Kandidatur für das Amt des Oberbürgermeisters kurzfristig zu realisieren und – ja, genau – erfolgreich zu gestalten.

Denn der Erfolg war allein schon die Kandidatur. In hohem Maß hat sie die Aufmerksamkeit der Menschen in unserer Region auf die Themen und Ziele der Demokratie-Bewegung gelenkt, wie dies in dreieinhalb Jahren zuvor kaum möglich war. Allein dafür dürfen wir dankbar sein.

Mein großer Dank gilt allen, die daran tatkräftig mitgewirkt haben. Ob durch Sammeln von Unterstützer-Unterschriften oder von Protest-Unterschriften (für die Wahlanfechtung) oder durch Verteilen von Handzetteln oder durch persönliche Gespräche mit Ulmer Bürgern oder durch – von nichts und niemandem verbietbare – Wahl-Umfragen nach der Stimmabgabe oder auch durch finanzielle Unterstützung ... – viele hatten auf verschiedene Weise ihren Anteil an diesem wichtigen Projekt; ein Projekt, das auch für andere Städte und Landkreise richtungsweisend sein wird.

Es gibt viele Gründe, dieses Buch herauszugeben. Der wichtigste ist, zu dokumentieren, was geschehen ist – damit wir alle, die wir uns für Frieden, Freiheit und Selbstbestimmung einsetzen, aus den Erfahrungen lernen und immer stärker werden.

Die Buch-Reihe ist auf vier Bände angelegt. Im zweiten Band werden die Erfahrungen im Umgang mit einer zunehmend politisierten Justiz beschrieben werden, im dritten Band die eigentlichen Ursachen und Ziele dessen, was – wie wir in der außerparlamentarischen Opposition immer sagen – „was mit der Menschheit gerade gemacht wird". Und der vierte Band wird die geistigen Grundlagen unseres Widerstandes behandeln; da wird es um das Bild gehen, das „wir" vom Menschen haben.

Was im einen Band nicht mehr rechtzeitig verarbeitetet werden konnte, kann und wird im nächsten Band ergänzt werden – einer der Vorteile dieser „Quadrilogie".

Hinsichtlich der Begriffe „Bürgerrechtler" / „Widerstand" / „Demokratie-Bewegung" nur eine kurze Bemerkung: Die Begriffe sind vielfach austauschbar. Im Kern geht es immer um dasselbe: Die Abwehr jeglicher Form von Fremdbestimmung und die freie Verfügungsgewalt über Leib und Leben.

Der Mensch ist von seinem Schöpfer – als einziges Geschöpf der Welt – mit einem freien Willen ausgestattet. Und niemand hat das Recht, diesen freien Willen, der erst dort endet, wo der Entscheidungsraum des Nächsten beginnt, zu unterdrücken oder zu manipulieren.

Ein Hinweis noch: Das Buch liest sich flüssig. Das liegt insbesondere daran, dass es zu weiten Teilen aus Rede besteht, die in Schrift umgewandelt wurde. Wir, die Ulmer Freiheits-Bewegung, wünschen allen lokalen Initiativen, die es als Handbuch für eigene analoge Projekte nutzen, guten Erfolg und Gottes Segen.

Daniel Langhans

Vorwort

Warum freue ich mich, ein Vorwort für ein Buch zu schreiben, welches die Geschichte von Daniel Langhans darstellt, einem Unternehmensberater und Coach, der sich um das Amt des Oberbürgermeisters beworben hat?

Ich glaube, dass Namen manchmal mehr über Menschen aussagen und sie mehr prägen können, als wir vermuten.

Wenn ein gläubiger Mensch den Namen Daniel von seinen Eltern bekommen hat, dann hatten sie vielleicht ein Bild vor Augen oder eine Geschichte. Vielleicht wurde ihnen der Name auch unbewusst von Gott gegeben.

Da möglicherweise einige der Leser mit dem Namen Daniel nicht viel anfangen können oder an einen Künstler mit dem gleichen Vornamen denken, möchte ich für diese kurz eine Geschichte aus dem Alten Testament zusammenfassen und anschließend diese Geschichte noch einmal erzählen, nur in der Gegenwart und jüngsten Vergangenheit.

Manchmal finden sich frappierende Parallelen, aber lieber geneigter Leser: Urteile selbst.

Die Geschichte von Daniel in der Löwengrube ist ein bekannter Abschnitt aus dem Buch Daniel in der Bibel. Daniel, ein frommer Jude und talentierter Verwalter, diente treu unter verschiedenen Königen in Babylon.

Unter König Darius wird Daniel aufgrund seiner Fähigkeiten und seines einwandfreien Charakters zu einem der höchsten Beamten ernannt, was Neid und Missgunst bei anderen Beamten weckt. Diese verschwören sich gegen ihn und überzeugen Darius, ein Gesetz zu erlassen, das die Anbetung aller Götter außer dem König für dreißig Tage verbietet.

Daniel, ein treuer Anhänger des Gottes Israels, ignoriert das Gesetz und betet weiterhin zu seinem Gott.

Als Folge wird Daniel verhaftet und in eine Grube mit hungrigen Löwen geworfen. Trotz der aussichtslosen Lage bleibt Daniel unversehrt, da sein Gott einen Engel sendet, der die Mäuler der Löwen verschließt.

Am nächsten Morgen findet König Darius Daniel lebend und unverletzt. Beeindruckt von Daniels Glauben und der göttlichen Rettung hebt Darius das gegen Daniel gerichtete Gesetz auf und erlässt stattdessen ein neues, das die Verehrung des Gottes Daniels fördert.

Die Geschichte symbolisiert den Triumph des Glaubens über Verfolgung und zeigt, dass wahre Hingabe und Vertrauen in Gott Schutz und Rettung bringen können.

Zurück zur Gegenwart:

Ich habe Daniel als gläubigen Christen erlebt, der die Bibel kennt und sein Leben an diesem Vorbild ausrichtet und trotz persönlichen Schicksalsschlägen immer wieder aufsteht, den Staub von seinem Mantel abschüttelt und weiter geht.

Daniel Langhans war bis 2020 ein erfolgreicher Einzelunternehmer, der seine Aufgabe darin gesehen hat, anderen sein Wissen weiter zu geben, damit auch sie Erfolg haben können.

Als er erkannte, dass falsche Propheten in die Welt kamen, um den Menschen Angst zu machen, hat er nicht gezögert sich selbst in die Öffentlichkeit zu begeben, um andere aus ihrer Angst zu holen, Mut zu machen und die Wahrheit, die er erkannt hat, auf den Straßen Deutschlands zu predigen (anders kann man das fast nicht nennen).

Der Staat und die Anhänger eines gefährlichen Götzenkultes, denn nicht anderes war die Angst vor einem Erreger und der Glaube an eine heilbringende Injektion, haben seine Existenz zerstört, denn seine Arbeit war gefährlich für die Götzendiener.

Daniel hat nicht aufgegeben, denn er wusste, dass er durch Gott geschützt weiter die Wahrheit nach draußen tragen musste und es für ihn nur einen Gott gab, dem er völlig vertraute und er sich geweigert hat, den als heilbringend angekündigten Pharmagott anzubeten.

Die Zeit, bis zum heutigen Tag, hat seiner Wahrnehmung Recht gegeben und die Götzendiener Lügen gestraft. Daniel ist längst aus der Löwengrube wieder herausgeklettert, und die Anbeter der falschen Götzen erhalten bereits jetzt ihre Strafe für das fehlende Vertrauen in unseren gemeinsamen Gott. Die Nebenwirkungen des Götzendienstes fordern Ihren Tribut.

So wie er im Kleinen angefangen hat, auf der Straße Menschen aufzuklären, so hat er versucht etwas in der Politik zu ändern, indem er als Oberbürgermeister kandidiert hat.

Die Wähler haben auch diese Chance auf einen Gott-gläubigen, erfahrenen Geschäftsmann vertan, der Ihrer Stadt und den Menschen darin sicher Heil gebracht hätte.

Nach dem Lesen dieses Buches ist es am Leser zu entscheiden, ob es wirklich die Wähler waren, die diese Chance vergeben haben, oder ob es die Anhänger des Götzenkultes waren, die immer noch nicht erkannt haben, dass sie auf das falsche Pferd gesetzt haben.

Noch etwas haben die beiden Daniel gemeinsam:

Sie sind Vorbilder für kommende Generationen: mit Ihrem Mut, auch Löwen und Götzen zu trotzen, weil Sie unter dem Schutz unseres Vaters im Himmel stehen. Wir müssen alle wieder lernen, keine fremden Meinungen anzunehmen, sondern zu uns, zu unserer Überzeugung und unserem Glauben zu stehen.

Gott schütze Euch alle.

Dr. Bodo Schiffmann, 19.04.2024

Kapitel 1

Wozu eine OB-Kandidatur?

Bevor wir in die Details einsteigen, lohnt es sich, zunächst auf die Motive einzugehen, die für mich ausschlaggebend waren, um für das Amt des Oberbürgermeisters[1] zu kandidieren. Mit dem Mitarbeiter eines unabhängigen Medien-Portals kam es am 23. November 2024 zu einem Interview, das per Video aufgezeichnet[2] wurde und online steht. Hier die nahezu vollständige Wiedergabe dieses Gesprächs:

Frage: In Deutschland wird über Sie sehr viel verbreitet, ich würde sagen: geschimpft: Sie seien Querdenker, Corona-Leugner und eigentlich ohnehin ein „Schwurbler". Wie kommt es dazu, dass Sie dermaßen angegriffen werden und dass Sie für den Oberbürgermeister kandidieren?

Antwort: *Wenn man sich auf die Straße wagt, dann gibt es schon mal Widerstand vom Establishment – und genau so deute ich die Angriffe gegen meine Person, die ja besonders in bestimmten Kreisen vorangetrieben werden. Da ist es so, dass von irgendwelchen*

---

1 Allein diese Ausdrucksweise zeigt, dass ich das sog. „Gendern" der Sprache zurückweise. Die Wendung „Amt des Oberbürgermeisters" ist geschlechtsneutral zu verstehen – und auch so verstanden worden, bevor die über Jahrtausende gewachsenen Sprach-Systeme von der „Gender"-Vorstellung attackiert wurden. Hier der Hinweis auf einen Beitrag aus dem Jahr 1999, in welchem dem tieferen „Sinn" dessen, was auch „generisches Maskulinum" genannt wird, nachgespürt wird: https://stjosef.at/dokumente/masc-repraesentalis_langhans.htm

2 https://report24.news/ein-querdenker-als-oberbuergermeister-ulm-will-autofahrer-im-sinne-des-great-reset-zermuerben/

extremistischen Seiten, also zum Beispiel von der sog. „Antifa" Behauptungen in die Welt gesetzt werden. Mit dem Adjektiv, das mit „a" anfängt und mit „semitisch" aufhört, kann man den Menschen in Deutschland sofort in eine Ecke stellen.[3] *Und dann geschieht es, dass Mainstream-Medien tatsächlich unkritisch bestimmte Ausdrucksweisen übernehmen.*

Aber damit habe ich gerechnet, als ich schon im April 2020 auf die Straße gegangen bin und mich öffentlich geäußert habe – der ich sonst in einer politischen Partei, bis auf eine kleine Phase von einem halben Jahr, nie aktiv gewesen war. Mit der Kandidatur sehe ich eine Möglichkeit, die Menschen zu erreichen, die man außerhalb der Demokratiebewegung nicht erreichen kann. Und das ist auch bereits gelungen in den ersten beiden Wahlkampf-Veranstaltungen.

Ich habe gelesen, Sie haben in der Ukraine-Frage eine sehr differenzierte Meinung, die von der offiziell vorgeschriebenen Meinung abweicht – und natürlich auch in der gesamten Corona-Frage. Gibt es in Ulm eine große Widerstands-Szene? Haben Sie dort eine Art Fan-Base, auf die Sie bei dieser Wahl setzen können?

Definitiv. Auch wenn wir nicht mehr die vorherigen Zahlen auf der Straße haben. In den Hoch-Zeiten des Widerstands waren wir sage und schreibe 10.000 Menschen, die Ulm buchstäblich geflutet haben. Aktuell beteiligen sich etwa 100 an den öffentlichen Straßen-Protesten. Aber es gibt sehr, sehr viele Menschen, die aufgewacht sind. Und

---

3 Beispielsweise wurden mir in diesem Beitrag – ohne jeglichen Nachweis – „strukturell antisemitisch besetzte Feindbilder" unterstellt, was als eine gezielte Herabwürdigung zu bewerten ist: https://rechteumtriebeulm.blackblogs.org/2020/12/01/im-kopf-des-dr-daniel-langhans/ – In einem Beitrag über mich, der im Internet nicht mehr zu finden ist, wurde dieses Adjektiv „antisemitisch", das eine Beleidigung darstellt, von der „Mindelheimer Zeitung" übernommen.

was noch mehr auffällt: Diejenigen, die sich – in Ulm und um Ulm herum – überhaupt noch nicht so artikuliert haben, begrüßen mehr und mehr unser Engagement.

Beim Spaziergang am Freitag Abend um 19 Uhr kann man sehr viele Menschen beobachten, die buchstäblich darauf warten, uns begrüßen und zurückwinken zu können. Eine Hürde gibt es nach wie vor darin, dass die Menschen sich uns anschließen.

Ein weiterer Punkt, speziell im Sommer: Wir haben den Einzelhandel besucht, um auf unsere Aktionstage[4] „jetzt reicht`s" Mitte Juli und Mitte August 2023 hinzuweisen und da haben wir große Zustimmung vorgefunden – bis hin zu Sätzen wie „Danke, dass Sie das machen; endlich unternimmt jemand etwas!"

Glauben Sie, dass das Thema Corona vorbei ist? Und gab es in Ulm eine Form von Aufarbeitung dieser Zeit?

Die Aufarbeitung hat es bislang nicht gegeben. Und ich denke, dass wir in den verbleibenden zweieinhalb Wochen bis zur Wahl dieses Thema in geeigneter Form platzieren können, indem wir eben Verantwortlichkeiten benennen. Das war bislang noch nicht möglich, aufgrund der thematischen Vorgaben bei den bisherigen Kandidaten-Vorstellungen, die ich miterlebt habe.

Was Corona betrifft, gibt es zwar Kliniken im Ulmer Umfeld, die tatsächlich mit dem Masken-Terror wieder anfangen wollen. Aber ich habe den Eindruck, wenn ich mich unter den Menschen umhöre, dass sie weder bereit sind, sich eine Maske wieder aufzwingen zu lassen, noch diese Spritze noch einmal zu akzeptieren. Dr. Bodo Schiffmann hat zu den offiziellen RKI-Zahlen eine Grafik erstellt, und da bekommt man Gänsehaut – so niedrig sind die Zahlen 2023 gegenüber 2022 und 2021.

---

4 https://jetzt-reichts-ulm.de/

Und dazu noch eine persönliche Erfahrung: Ich hatte mit einem Befürworter sämtlicher Maßnahmen, der sehr klar und pointiert den offiziellen Covid-19-Kurs unterstützt hat, ein persönliches und – ich möchte betonen – respektvolles Gespräch. So etwas gibt es noch.

Das einfach mal als Anregung: Es ist tatsächlich möglich, dass zwei Menschen, die komplett unterschiedlicher Ansicht sind, miteinander respektvoll über ein Thema sprechen; wie etwa das C-Thema, aber auch über die Ukraine haben wir gesprochen. Und er sagte mir, dass es für ihn nicht mehr in Frage kommt, sich diese Spritze geben zu lassen. Wenn das von jemandem kommt, der das Narrativ wirklich zu 100 Prozent unterstützt hat und dies nach wie vor tut, dann ist das auch ein Zeichen dafür, dass sich grundlegend etwas geändert hat.

Was ist Ihr Programm für die Zukunft, wenn Sie um die Stimmen der Ulmer werben? Was wäre Ihr Vorschlag? Gibt es in Deutschland vielleicht auch Corona-Strafen, die gezahlt wurden und gar zurückgezahlt werden sollten? Und wie helfen wir all den Geschädigten dieser Zeit?

Also, mein persönliches Programm, wenn mir die Aufgabe anvertraut wird – und das ist durchaus möglich bei fünf Bewerbern, dass ein bis dato in der Kommunalpolitik völlig unbekannter Kommunikationstrainer damit betraut wird: Da würde ich genau das machen, was Sie angesprochen haben. Und dann würde auch Thema sein, wie sich beispielsweise die Polizei verhalten hat – gegenüber Demonstranten, die ja nichts anderes als ihre Grundrechte wahrgenommen haben; wie dabei vorgegangen wurde …

Da hat es skandalöse Vorfälle gegeben. Ende März 2021 etwa, bei der Mittelstands-Demo, wurde der Moderator, der die gesamte Zeit über auf dem LKW stand, buchstäblich von einem Trupp Polizisten attackiert; er wurde vor ihnen hergeschoben, man griff in seine Lederjacke von hinten, erwischte ein wenig

Haut dabei ... – um nur ein Beispiel von der rüden Art zu nennen, wie Polizisten damals vorgegangen sind.[5]

Aber während des Wahlkampfs sollten wir davon absehen. Jetzt sollten wir eher Themen aufgreifen, die die Menschen aktuell bewegen. Und das ist in Ulm vor allem das leidige Baustellen-Problem: Es gibt unglaublich viele Baustellen, so viele wie nie zuvor in Ulm, die den Einwohnern das Leben schwer machen und für lange Staus sorgen – die ja umweltschädlich sind. Und das in einer Stadt, die das Thema „Klima" so hoch hängt, also – angeblich – umwelt-orientiert ist.

Da unterscheide ich mich nicht von den anderen Kandidaten. Auch das Thema „Flaschen sammeln", das viele Rentner betrifft, das heißt die zunehmende Enteignung – sei es offen, durch Steuern, oder sei es durch gestiegene Lebenshaltungskosten, die ja das Geld in die Taschen der Weltkonzerne spülen; oder die bevorstehende Maut-Erhöhung. Das betrifft unmittelbar die Bürger, und das gilt es zu thematisieren.

Und jetzt kommt der unterscheidende Punkt gegenüber den Mitbewerbern: Ein Dr. Daniel Langhans weist dann auch auf die Ursachen und Hintergründe hin – auf die global-faschistischen Ursprünge all dieser Pläne, die mit den Menschen Stück für Stück umgesetzt werden. Und dazu gehört dann auch das Thema Migration. Und insbesondere der amtierende Oberbürgermeister – die Amtsperiode beträgt acht Jahre – hat dieses Thema artikuliert! Es gibt in Ulm jährlich eine Ansprache, die sogenannte Schwörrede.

In dieser Rede hat der OB das Thema Migration zwar in sehr zurückhaltender Form; aber eben doch angesprochen. Er sprach da von „Menschen ohne Bleibeperspektive", die immer mehr auch nach Ulm strömen, und von der Last, welche damit für die Kommune verbunden

5 Solche massiven Übergriffe waren zum Teil einzig damit „begründet", dass der Delinquent – unter freiem Himmel (!) – keine Maske getragen habe: https://www.youtube.com/watch?v=KH1U1CEdr4g // https://odysee.com/@doktorlanghans:6/27-03-2021-(ulm)-festnahme-von-dr.:3

ist – und dass das Ende der Belastbarkeit erreicht ist. Das hat er zwar so nicht direkt ausgedrückt, war aber ein klares Signal – sowohl an die Landes- wie auch an die Bundesregierung. Und ich denke, wenn sogar jemand, der eigentlich alle Narrative bisher unterstützt hat, nämlich der noch amtierende OB, das Thema Migration aufgreift – dann ist auch das ein Symbol dafür, dass es sich nicht mehr unter der Decke halten lässt.

Was kann ein Oberbürgermeister tatsächlich tun? Das ist ja ein Euphemismus: „Menschen ohne Bleibeperspektive", denn die Frau Merkel hat es ja so gefügt, dass im Grunde jeder kommen kann; egal, woher er kommt – er bekommt die Alimentierung bis an sein Lebensende, und noch für seinen ganzen Familien-Clan, der nachziehen kann. Also, was kann man wirklich tun als Oberbürgermeister einer Stadt in Deutschland, um hier eine echte Verbesserung einzuleiten?

Ja, die Möglichkeiten eines Oberbürgermeisters sind begrenzt. Hinzukommt, dass er im Stadtrat nur eine einzige Stimme hat. Er ist zwar der Chef der Verwaltung und hat darüber hinaus auch weitere Kompetenzen, aber ansonsten sind seine Möglichkeiten sicher nicht sehr groß. Aber eine Möglichkeit, die ihm bleibt und die ich dann auch wahrnehmen würde, ist die der Bewusstseins-Schärfung: Dass mehr und mehr Menschen den Mut finden, sich zu artikulieren. Und dass wir in Deutschland die Lage zu überwinden lernen, die nämlich darin besteht, dass unglaublich viele Menschen der Politik den Rücken gekehrt haben. Wenn man zehn Menschen fragt: „Fühlst Du Dich von der Politik vertreten?" – dann sagen neun von den zehn: „Um Gottes willen, lass mich mit dem Thema in Ruhe!"

Und hier deutlich zu machen, von prominenter Stelle aus – als ein OB einer doch wahrnehmbaren Stadt wie Ulm – deutlich zu machen, dass man auf der Seite der Menschen steht; dass man die Menschen ermutigt, ihre Souveränität gegenüber der Bundesregierung bzw. der

Verwaltung der BRD – wie auch immer man das bezeichnen mag –, einzufordern. Das sind schon wirkungsvolle Möglichkeiten.

Was kann die Bundesregierung tun – um die Migrationssituation zu verbessern?

Ganz einfach: Das Asylrecht so anwenden, wie es vorgesehen ist. Da gibt es ein Grundgesetz, mag man es nun „Verfassung" nennen oder nicht. Es hat uns über Jahrzehnte hinweg gute Dienste geleistet, und auch wenn es Mängel hat, sollte es weiterentwickelt werden. Und man muss einfach die Gesetze anwenden, so wie das auch früher schon gefordert wurde, nicht nur von der AfD, sondern auch von anderen Parteien: Dass eben auch Abschiebung erfolgt, wo kein Asylrecht besteht. Und dass das auch konsequent umgesetzt wird. Da hat sich in den Parteien leider der Ungeist des Global-Faschismus, dieser globalitären[6] Ideologie immer mehr breit gemacht. Da einmal deutlich einen Kontrapunkt zu setzen, auch durch die frisch gegründeten Parteien wie etwa die „Basis" oder die „Partei der Vernunft" – da gibt es schon viele Möglichkeiten.

Der deutsche Bürger hätte ja eigentlich das Recht, von Politikern regiert zu werden, die wirklich sein Wohl in den Mittelpunkt stellen. Von diesem Schlag gibt es nur noch sehr wenige Politiker. Im Unterschied zu herkömmlichen Politikern müsste man irgendwie glaubwürdig darlegen, dass man eine andere Politik macht – eben nicht diesen Globalismus, den wir schon einige Male angesprochen haben. Wie kann man denn beweisen, dass man nicht den ausländischen Interessen dient, etwa der Vereinten Nationen, der WHO – und wie auch immer sie heißen. Wie kann man hier noch glaubwürdig sein?

6 Ein Wort, das von Christine Anderson MdEP geprägt wurde: https://rumble.com/v30biga-mep-christine-anderson-kicks-ass-and-warns-the-who-in-brussels.html

An der Art, wie ein OB-Kandidat sich äußert, können sich die Menschen schon ein Bild machen. Beispielsweise habe ich einen Flyer entwickelt, und darin werden die Ursachen der Situation klar beim Namen genannt. Wenn ich auf die Pläne zu sprechen komme, die hinter den vordergründigen Maßnahmen am Werke sind – beispielsweise hinter der erwähnten Baustellen-Wut –, dann merkt man, wie sich bei bestimmten Zuhörern im Saal Emotion artikuliert; wenn der unabhängige Kandidat der Menschen – so würde ich mich mal bezeichnen; ich bin kein Parteien-Kandidat, sondern für die Menschen da – die Hintergründe anspricht, dann erhebt sich ein Schwall der Empörung. Und man will den Kandidaten damit einschüchtern – dass er ja nicht über solche Themen spricht. Und man will ihn lächerlich machen, dass er – angeblich – „Verschwörungstheorien" verbreite. So funktioniert das im Moment hier.

Aber man lernt ja dazu – und das Schöne ist, auch das Publikum lernt dazu ... (lacht) Ich freue mich auf die nächsten derartigen Abende, und mit dem Datum der Wahl wird es tatsächlich noch nicht vorbei sein. Denn es gibt eine „Stich-Wahl", wenn sich nicht ein Kandidat mit mehr als 50 Prozent der Stimmen gefunden hat. Allein die Tatsache, dass es fünf Kandidaten sind, garantiert dafür, dass es eine Stich-Wahl geben wird.

Wenn ich von Baustellen höre, finde ich es nicht mal schlecht. In Deutschland bricht die Wirtschaft zusammen, und wenn es viele Baustellen gibt, zeigt dies, dass es noch Bewegung gibt und nicht zuletzt Arbeitsplätze geschaffen wurden. Sie sehen eine Verbindung zwischen dem Bau-Wahn in Ulm und dem Globalismus. Wie funktioniert das?

Vielleicht kam das nicht klar genug rüber: Bei den allermeisten dieser sog. „Baustellen" wird de facto nicht gearbeitet! Das ist das Problem – dass es keinerlei Fortschritt gibt. Niemand hat etwas dagegen, wenn eine Straße zu erneuern ist. Oder wenn Glasfaser-Kabel zu verlegen sind. Dann muss man aufreißen, und dann wird das behoben und der Verkehr kann wieder normal fließen. Es geht darum, dass es viele Baustellen gibt, die offenkundig völlig ohne Bearbeitung brach liegen! Da passiert gar nichts! Und das ist der eigentliche Skandal.

Zur zweiten Frage: Es gibt ja das sog. „Smart-City"-Konzept[7] *und die sog. „15-Minuten-Städte", die ja vom World Economic Forum sehr klar artikuliert werden. Da gibt es entsprechende Werbefilme und Webseiten, wo man auch die Ziele hinter diesen Begriffen erkennen kann. Auch die Stadt Ulm hat eine Webseite aufgesetzt, wo genau dieses „Smart-City"-Konzept sehr klar seit Monaten und Jahren an die Bevölkerung kommuniziert wird. Das heißt, es gibt Planungen, Ulm zur sog. „Smart-City" oder „15-Minuten-Stadt" zu entwickeln. Das nennt man dann „Mobilitätswende", wird aber unterm Strich darauf hinauslaufen, dass das Auto aus der Innenstadt verbannt werden soll. Das pfeift der „Ulmer Spatz" von den Dächern. Auch die beiden Kandidaten für „rot" und „grün" lassen diese Fern-Ziele jetzt schon immer wieder durchblicken. Es wird argumentiert mit den Parkhäusern – im Widerspruch zu den Interessen des Ulmer Einzelhandels, die vielfach darauf angewiesen sind, dass die Kunden anfahren können.*

Also, Sie vermuten, dass die Stadt Baustellen gründet, um den Verkehr in der Innenstadt zu behindern und um Autofahrern eigentlich das Leben schwer zu machen?

Das haben Sie sehr scharfzüngig auf den Punkt gebracht. Danke für die Zusammenfassung. Das ist die aktuelle Situation. Also es sollen die Autofahrer bereits jetzt vorbereitet werden – etwa so: „Autofahren in der Innenstadt, das wird für dich kein Spaß mehr sein! Also lass dein Auto besser stehen, fahr mit Bus und Bahn!" Das ist so die Botschaft, die bereits sehr deutlich zu spüren ist; unabhängig von den Planungen, die sich noch anschließen werden.

---

7 Zum Thema „Smart-City" s. Kapitel 12

Wie lässt sich das eigentlich mit der Demokratie vereinbaren, dass wir mehr und mehr diesen ausländischen Agenten folgen müssen? Insbesondere der UN-„Agenda 2030", wo das ja eigentlich alles herkommt. Grundsätzlich kann man sich ja vorstellen, dass die Bevölkerung eines Landes sich dazu entschließt: „Ja, wunderbar – wir unterwerfen uns der UN, die haben ganz tolle Ideen ..." – aber in meiner Wahrnehmung wurde das ja nie öffentlich diskutiert. Es ist ja nie ein Politiker aufgestanden und hat gesagt, da gibt es jetzt diese Punkte der UN-Agenda. Wir glauben, das ist gut für die Bevölkerung. Ihr seid das Volk; ihr trefft die Entscheidung. Wollen wir uns dem unterwerfen? Wollen wir diesen Weg gehen? – Also das tröpfelt ja eigentlich von hinten ein – ganz heimlich. Und dann ist zu bemerken, dass jeder so tut, als ob es völlig normal und legal wäre. Wie lassen sich all diese Dinge mit der Demokratie vereinbaren? Hat man überhaupt noch eine Demokratie?

Ja, das ist genau der Punkt. Vielen Dank, dass Sie das jetzt in unserem Gespräch immer weiter herausgearbeitet haben. In der Tat treffen Sie damit genau das Thema, das ich nach vorne stelle, wenn ich – beispielsweise einem Radio-Redakteur, der mir 30 Sekunden gibt, um in ein Mikrofon zu sprechen – Kurz-Interviews gebe. Dann sage ich meist: Mein oberstes Ziel ist, dass die Menschen von Ulm künftig in größerem Umfang gefragt werden, bevor substanzielle Entscheidungen getroffen werden.

Und es muss aufhören, dass irgendwelche sog. „Vorgaben", die von oben – sei es von der Landes- oder Bundesregierung oder von der EU-Kommission (Stichwort „Klima"-Schutz usw) kommen, einfach nur blindwütig umgesetzt werden. Ich stelle mir vor, dass ein Oberbürgermeister dann – Richtung Bundes- oder Landesregierung oder nach Brüssel – auch mal sagt: „Sorry, aber das kann ich hier in Ulm nicht umsetzen; denn die Bürger machen das hier nicht mehr mit."

Was ist – kurz und kompakt zusammengefasst – Ihr Wahlprogramm? Warum soll man in Ulm sich für Sie entscheiden?

Erstens: Die Praxis der nicht-betriebenen Baustellen muss sofort eingestellt werden.

Zweitens: In Bezug auf das Thema Migration sollte in Ulm eine offene Diskussion mit der Bevölkerung geführt werden.

Drittens: Was ist – hinsichtlich des Migrantenstroms – überhaupt möglich? Es ist zu hinterfragen, ob Migranten mit recht hohen Beträgen und auch Deserteure (Stichwort Ukraine) hier ge-„pampert" werden, während gleichzeitig die Menschen, die über Jahrzehnte in die Rentenversicherung eingezahlt haben, zum Flaschen sammeln gezwungen werden. Da stimmt etwas nicht, und das muss thematisiert werden.

Viertens: Wir haben da am Rathaus Flaggen von Israel und von der Ukraine hängen – das muss komplett hinterfragt werden. Denn, wenn es so sein sollte, wie immer mehr deutlich wird, dass – nicht durch das jüdische Volk, sondern durch die aktuellen Machthaber des Staates Israels – Kriegsverbrechen an der Bevölkerung in Gaza begangen werden; wenn das wirklich so ist, dann muss die Frage der „Solidarität mit Israel" komplett neu überdacht werden. Dann kann es vielleicht später einmal so sein, dass es von Menschen als Schande empfunden werden wird, wenn Ulm sich so mit einer Israel-Flagge hervorgetan hat.

Das Gleiche gilt ja für die Ukraine – wenn man bedenkt, was vor dem 24. Februar 2022 mit den Menschen russischer Sprache in der Ostukraine über acht Jahre lang hinweg gemacht wurde: Dann kann man nicht von einem (!) Aggressor reden, welcher der EINE Verursacher für diesen Ukraine-Konflikt wäre. Sondern zu einem Krieg gehören immer zwei, und überdies gilt für einen Krieg, dass es meistens reiche, reiche, reiche Menschen gibt, die ein Interesse an diesem Krieg haben. Und darüber muss gesprochen werden. Dann kann es dazu kommen, dass auch eine Ukraine-Flagge abgehängt wird.

Fünftens: Das Radfahren sollte noch attraktiver und gleichzeitig das respektvolle Radfahren praktiziert werden.

Sechstens: Es muss über das Thema „Klima" offen gesprochen werden. Wenn man weiß, wie gering der Anteil ist, den der Mensch am CO_2*-Gehalt der Erde überhaupt beeinflussen kann; und wie gering der Anteil ist, den Deutschland in Bezug auf den Planeten überhaupt leisten kann – dann kommen wir auf eine winzige Größenordnung … Und wenn man dann noch aus dem Biologie-Unterricht weiß, dass* CO_2 *für das Leben der Pflanzen nötig ist, dass mehr* CO_2 *mehr Wachstum der Pflanzen bedeutet – dann muss unter diesen Gesichtspunkten das Thema „Dekarbonisierung" völlig neu diskutiert werden. Die Menschen sollten endlich einbezogen werden. Und das ist mein Credo.*

Ist der „Krieg" wirklich ein Thema, das die Menschen in einer Kommune wie Ulm beschäftigt oder lenkt sie das nur ab von den echten Problemen, die man mal anpacken sollte?

Ich trete dafür ein, dass genau das geschieht: Dass die Menschen gefragt werden. Wenn sie sagen, für uns ist das Thema Ukraine nicht relevant – dann sollte es aber bitte auch aufhören, dass sich die Stadt Ulm in dieser Art und Weise positioniert, mit dieser Flagge am Rathaus.

Wäre es eine Option, dass sich eine Kommune mehr für den Frieden einsetzt? Können Sie sich als künftiger Oberbürgermeister von Ulm vorstellen, in Richtung Frieden Zeichen zu setzen?

Definitiv. Das hat sich ja auch schon auf der Straße ergeben – dass da Menschen mit Ukraine- und mit Russland-Fahne nebeneinander gegangen sind. In Hannover bin ich mit einem T-Shirt aufgetreten, das ein großes Herz aus beiden Flaggen darstellt. Und es wurde dann in der Berichterstattung durch den Mainstream gar nicht berücksichtigt, was allein dieses Symbol zum Ausdruck bringt: Dass die Menschen sich sehnsüchtig den Frieden wünschen, und nur ganz wenige Menschen profitieren von diesen Kriegen – und das muss endlich aufhören.

Kapitel 2

Meinungsfreiheit auch gegen den öffentlichen Meinungsdruck?

Zur Vorgeschichte der Kandidatur gehört auch eine Wortmeldung am 17. April 2023, anlässlich einer Veranstaltung, die von der Stadt Neu-Ulm zum sog. „Klimaschutzkonzept“ im Johanneshaus durchgeführt wurde. In der Terminankündigung[8] hieß es:

„Starkregenereignisse, Dürren, Überflutungen und Hitzewellen – der Klimawandel ist mit seinen Folgen so präsent wie nie zuvor und auch in Neu–Ulm zu spüren. Die Stadt ist sich ihrer Vorbildfunktion beim Klimaschutz bewusst, sieht sich als Planerin und Beraterin, möchte das Bilden von Netzwerken unterstützen und Öffentlichkeitsarbeit leisten. Daher geht die Verwaltung das Thema jetzt gemeinsam mit den Bürgerinnen und Bürgern intensiv an.“

An dem Abend referierte u. a. ein Professor, der die gängigen „Klima-Modelle“ darstellte. Wie wir inzwischen wissen, beinhalten „Modelle“ nicht die Spur eines Beweises – insbesondere nicht hinsichtlich der zentralen, alles andere stützenden Behauptung, CO_2 sei für die „globale Erwärmung des Planeten“ ursächlich. Dieses „Klima“-Narrativ geht zurück auf den sog. Earth Summit im Jahr 1992 in Rio de Janeiro, und insbesondere auf seinen Initiator Maurice Strong. Dazu ein kurzer Rückblick:

„Der Kanadier Maurice Strong war einer der wichtigsten ersten Verbreiter der wissenschaftlich fehlerhaften Theorie, dass von

---

8 https://innovationsregion-ulm.de/2023/04/06/startschuss-neu-ulmer-klimaschutzkonzept-wird-erarbeitet/

Menschen verursachte CO_2- Emissionen von Transportfahrzeugen, Kohlekraftwerken und der Landwirtschaft einen dramatischen und beschleunigten globalen Temperaturanstieg verursachten, der ‚den Planeten' bedroht, die sogenannte globale Erwärmung."[9]

An jenem Abend in Neu-Ulm folgten noch weitere Beiträge, bevor die Diskussion an die Zuhörer frei gegeben wurde. Kurz vor Ende der Veranstaltung meldete ich mich zu Wort[10]:

Mein Name ist Daniel Langhans, wir kennen uns schon[11] – ‚mein Physiklehrer hat damals gesagt ‚Es gibt keine dummen Fragen', und das ermutigt mich, jetzt das Wort zu ergreifen. Es ist nämlich gesagt worden, als Stadt bzw. als Stadtverwaltung ‚sind wir an politische Vorgaben gebunden'. Das habe ich heute so aufgenommen. Und da würde ich jetzt schon das erste Fragezeichen machen:

Wer entscheidet eigentlich im Land? Die Politiker oder die Menschen? Womit ich jetzt nicht sagen wollte, dass Politiker keine Menschen wären – aber Sie wissen, was ich meine: Es geht darum, dass wir eine Demokratie haben und dass der Meinungsbildungs-Prozess von unten nach oben organisiert wird, und nicht von oben nach unten; zumal die Thematik als solche ja durchaus zu hinterfragen wäre, und da erinnere ich mich gern an meinen Physiklehrer, denn es wird ja gesagt – der Herr Professor hat es ausgeführt –, ‚Starkwetterereignisse' geben uns zu denken und machen deutlich, dass Handlungsbedarf ist:

---

9 https://www.globalresearch.ca/dark-origins-davos-great-reset/5797113

10 https://odysee.com/@doktorlanghans:6/17-04-2023,-neu-ulm-merkmal-eines:e // https://youtu.be/kfykIz8Gbt0

11 Im Herbst 2022 hatte es bereits zum sog. „Klimaschutz-Konzept" der Stadt Neu-Ulm im Edwin-Scharff-Haus eine Veranstaltung gegeben, wo sich Mitglieder der Bürgerrechtsbewegung mit kritischen Anfragen an das „Klima"-Narrativ zu Wort gemeldet hatten.

Weil sie ein Indikator seien; ein Indikator für den ‚menschengemachten Klimawandel'. Meine Frage ist nun: Könnte es vielleicht umgekehrt sein? Ich beziehe mich dabei auf einen Beitrag in den ‚Tagesthemen' vom 12. Oktober 2017. Da heißt es:

‚Was wäre, wenn der Mensch das Klima fast nach Belieben steuern könnte, die Temperatur des Planeten regulieren?'

So geht dieser ‚Tagesthemen'-Beitrag von 2017 los. Und da lässt man einen David Keith[12] *von der Universität Harward zu Wort kommen, der sagt: ‚Wir arbeiten daran zu verstehen, wie genau das Geo-Engineering funktionieren könnte. Wir untersuchen auch, warum die Medien auf eine bestimmte Weise damit umgehen.' Und dann wird erklärt in dem Beitrag, warum das ‚funktionieren könnte':*

‚Ein Wetter-Ballon steigt bis in die Stratosphäre auf (10-20 km). Dort werden feine Aerosole versprüht, die sollen das Sonnenlicht reflektieren.' Die Erwärmung würde dadurch vermindert.

Während ich sprach, war ein Phänomen zu beobachten, das sich häufig wiederholt hat. Viele Menschen, die in der Vorstellungswelt leben, die von den konzern-gesteuerten Medien für sie buchstäblich „erzeugt" und über Jahrzehnte hinweg gefestigt wurde, ertragen nicht, wenn jemand den gängigen Narrativen – und sei es noch so fundiert – widerspricht.

In der Tat war es nun im Raum unruhig geworden – obwohl andere Diskussions-Redner bei weitem länger gesprochen und keineswegs nur Fragen gestellt hatten ... – im Gegenteil, es gab regelrechte Koreferate, was bei einer solchen Veranstaltung offenbar kein Problem ist: Solange man die herrschende – alle be-herrschende – Meinung teilt, fällt einem keiner ins Wort ... Nach einer kurzen Unterbrechung konnte ich in meiner Wort-Meldung fortfahren:

---

12 https://globalmagazin.com/geoengineering-fuer-bill-gates-ist-die-sonne-das-problem/

Also, es wird in diesem Beitrag gesagt, Vorbild für diesen Effekt sei der Ausbruch des Vulkans Pinatubo Anfang der 90er Jahre. Da wurden Millionen Tonnen Schwefel in die Atmosphäre geschleudert, und die haben dann das Sonnenlicht reflektiert, und die Durchschnittstemperatur sei dann – weltweit – um ein halbes Grad gesunken.

Und das sei nur ein Grund, warum viele Forscher sich sogar gegen die Forschung an einem Solaren Geo-Engineering aussprechen.

Zum gleichen Zeitpunkt, da dieser Beitrag gesendet wurde, fand in Berlin die sog. ‚Climate Engineering Conference' 2017[13] *statt, und da kamen denn auch einige der Teilnehmer zu Wort. Und am Ende heißt es: ‚Egal, wie die Debatte ausgeht – eine andere Form von Geo-Engineering sei schneller verfügbar und könnte den* CO_2*-Gehalt der Atmosphäre deutlich senken: Bäume pflanzen.'*

In einem anderen Beitrag, ‚Wetter als Waffe – Terra X'[14] *vom 27. April 2013 wird deutlich gemacht, dass das Ganze längst in der Praxis eingesetzt wird. Wir reden von ‚storm fury', wo Silberiodid gestreut wird. Wir reden vom ‚Weather Modification Project' im Jahr 2005 in Wyoming, als Wolken im Winter mit Silberiodid ‚geimpft' wurden, und diese Substanz lasse sich dann in den Eiskristallen nachweisen. Und sie lasse die Wolken auch anwachsen. Und an einer Stelle sagt ein Meteorologe namens Boe:*

‚Wir werden die Natur einfach etwas effizienter machen – dorthin mehr Wasser bringen, wo die Menschen es benötigen.'[15]

---

13 https://www.innovations-report.com/event-news/climate-engineering-conference-2017-opens-in-berlin/

14 https://www.bitchute.com/video/SDmniicEkMNF/

15 ... „oder wo den Regen bestimmte Herrschaften haben wollen", wird an dieser Stelle möglicherweise einmal ergänzt werden; wie etwa am ersten Juni-Wochenende 2024, als Süddeutschland unter Wasser-Massen buchstäblich versunken ist ... – und die „Bild"-Zeitung – um von Geo-Engineering als möglicher Ursache abzulenken – ihre Leser mit einer

Und dann wird noch auf China Bezug genommen, wo Staatsereignisse grundsätzlich mit solchen Wetter-Beeinflussungen einhergehen, weil man zum Beispiel bei den Olympischen Spielen 2008 vermeiden wollte, dass die Eröffnungsfeier verregnet wird. Also, es ist keine Verschwörungstheorie, sondern bereits im Deutschen Fernsehen gesendet worden, dass Wetter-Manipulation stattfindet.

Wenn es also gewisse Kreise gäbe, die daran ein Interesse haben, der Menschheit eine Bedrohung durch CO_2 zu „verkaufen" – die könnten sehr einfach Wetter-Manipulation einsetzen. Und wir alle sehen das ja täglich, wenn wir zum Himmel schauen: Angeblich sind das ja Kondensstreifen ... – doch in der Schule haben wir schon gelernt, dass sich Kondensstreifen nach fünf Minuten auflösen ...

In diesem Augenblick unterbrach die Oberbürgermeisterin von Neu-Ulm:

‚Aber ..., wissen Sie was? Das ist total Schnuppe. Denn wir machen trotzdem was dagegen. Das ist das Ziel von unserem Klimaschutz-Konzept. Wir nehmen`s auf, und wir tun was dagegen.' (Beifall)

Darauf vermochte ich gerade noch zu entgegnen:

Also, egal – was die Menschen selber wollen: Sie nehmen die ‚politischen Vorgaben' und setzen sie um ...

– bevor im Saal ein ablehnendes Klatschen anhob, um mich vollends zum Schweigen zu bringen. Und doch gelang es noch zu sagen:

---

ganz kruden Verschwörungstheorie konfrontierte: Angeblich seien Schiffsabgase (!) für die Wolkenbildung ursächlich gewesen ...: https://www.bild.de/leben-wissen/wissenschaft/diesen-wolkenteppich-haben-abgase-von-schiffen-verursacht-6658a4692c4d4a3930bb7f1c

Das Merkmal … einer Demokratie ist, dass umgesetzt wird, was die Wähler wollen; und das Merkmal einer Diktatur, eines faschistischen Systems ist, wenn von oben bestimmt wird, was gemacht wird.

Wie geht man mit einem solchen Erlebnis um? Im ersten Augenblick könnte man meinen, es sei besser, sich Situationen solcher Art zu ersparen … In der Tat lebt es sich einfacher, wenn man die gängigen Sichtweisen nicht in Frage stellt … – Doch, was tun, wenn aus dem Inneren eine Stimme ruft? Manch einer denkt in diesem Zusammenhang an Martin Luther. Ich erinnere mich an Sophie Scholl:

„Steh` zu den Dingen, an die du glaubst – auch wenn du allein dort stehst."[16]

Bald darauf gab es die Gelegenheit zur erneuten Bewährung unter derartigen „Kommunikations"-Bedingungen … Am 2. Mai 2023 kam es im Stadthaus in Ulm zu einer Veranstaltung unter dem Leitwort: „Wie heizt Ulm?"[17] Nach einem Grußwort des Oberbürgermeisters Gunter Czisch hielt Professor Dr. Martin Müller, der Vorsitzende des Ulmer Initiativkreises für nachhaltige Wirtschaftsentwicklung e.V. (www.unw-ulm.de) den Einführungs-Vortrag, als Einstieg in die anschließende Podiumsdiskussion. Es ging um „erneuerbare Energien" und „Dekarbonisierung" – alles auf der Basis der – unbewiesenen – Behauptung, die Steigerung von Kohlenstoffdioxid (CO_2) sei ursächlich für eine – ebenfalls unbewiesene – ‚menschengemachte globale Erwärmung' … In der Einladung hieß es:

„Spätestens seit dem Überfall von Russland auf die Ukraine und der dadurch drohenden Gasnotlage ist das Thema, wie wir

---

16 https://beruhmte-zitate.de/autoren/sophie-scholl/

17 https://www.unw-ulm.de/event/wie-heizt-ulm-%e2%80%92-die-zukunft-der-waermeversorgung/

zukünftig unsere Wohnungen und Gebäude heizen wollen, auf der Tagesordnung. Aktuell diskutiert die Bundesregierung über ein Verbot von Öl- und Gasheizungen. Der Einbau der klimaschädlichen Heizungen soll bereits ab 2024 verboten werden. Von dem Zeitpunkt an sollen nur noch Heizsysteme verbaut werden, die Wärme aus ‚mindestens 65 Prozent erneuerbaren Energien' erzeugen.

Nur wie kann das erreicht werden? Ist die Wärmepumpe im Altbau überhaupt sinnvoll? Ist nicht zuvor eine sehr teure Sanierung notwendig? Könnte eine Pelletheizung eine Alternative sein? Wie ökologisch ist die Fernwärme in Ulm? Welche Fördermöglichkeiten gibt es? – Viele Fragen zu denen wir die Experten in Ulm eingeladen haben, so dass sie Ihnen Rede und Antwort stehen!"[18]

Schaumermal ... wieweit die „Experten" tatsächlich „Rede und Antwort stehen", dachten sich drei Bürgerrechtler und machten sich auf den Weg ins Ulmer Stadthaus. Nach einer langwierigen Podiumsrunde wurden endlich Fragen aus dem Publikum zugelassen, und ich meldete mich zu Wort[19]:

Ich bin Daniel Langhans, Kommunikationstrainer hier in Ulm und betreibe meine Unternehmen seit 1999. ... Was mich vor mehr als 10 Jahren gewundert hat, als das Thema zum ersten Mal aufkam: Dass man sich die sog. ‚Klimaneutralität' sozusagen erkaufen konnte. Mir erschien das schon damals etwas seltsam. Heute denke ich erst recht, es geht um eine Art Ablass-Handel ... Es war heute gesagt worden, dass die Debatte sehr emotionalisiert ist. Ich verstehe meine Wortmeldung jetzt als Gesprächsangebot.

---

18 Der Einladungs-Zettel ist im Internet schon nicht mehr zugänglich; er findet sich im Archiv des Autors.

19 https://www.youtube.com/watch?v=tM-O_VFpdds // https://odysee.com/@doktorlanghans:6/02-05-2023,-ulm-ein-gespr%C3%A4chsangebot...:b

Warum ist die Debatte emotionalisiert? Weil die Menschen, immer mehr Menschen, das Gefühl haben, dass von oben etwas oktroyiert wird. Und letztlich kam das auch heute zum Ausdruck, indem gesagt wird: Es gibt das Klimaschutz-Gesetz in Baden-Württemberg, und es gibt auf der internationalen Ebene das und jenes Abkommen usw. – Die Menschen möchten selber bestimmen; sie möchten nicht, dass über ihre Köpfe bestimmt wird.

Und jetzt kann man sagen: ‚Ja, das ist aber doch ein globales Problem' usw ... Wenn wir uns mal dem Inhalt zuwenden: Was haben ein Werbeflyer für den Bayerischen Wald oder für den Bible-Server, wo der Himmel abgebildet ist, oder für den Mercedes Viano gemeinsam? Man sieht Striche am Himmel ... – Als ich klein war, hat man mir beigebracht: Es gibt Striche am Himmel, das sind Kondensstreifen. Die gehen nach fünf Minuten weg. – Was hat das Ganze zu tun mit der Lego-Packung (‚City') und mit der Playmobil-Packung (‚Wohnmobil')? Auch da sieht man die Striche!

Bereits jetzt wies der Moderator darauf hin, man möge doch „eine Frage stellen". Ob er bereits ahnte, dass es jetzt – für das gesamte Ziel dieser Veranstaltung – heikel werden könnte ...? Wie folgt fuhr ich fort:

Sorry. Geht es nur darum, dass man Fragen stellt? Oder darf man auch eine eigene Perspektive äußern?

In diesem Moment widersprach der Moderator, und es regte sich erste Unruhe im Raum. Das kannten wir ja schon ... – Unter Hinweis auf den weitaus größeren Zeitbedarf, den andere Diskussionsredner in Anspruch genommen hatten – solange man sozusagen „im Narrativ" spricht, darf man reden, ohne unterbrochen oder gar abgebrochen zu werden ... – fuhr ich einfach fort:

Also, es geht letztlich um die entscheidende Problematik: Uns werden die ‚Starkwetterereignisse' – das war auch bei Ihrer Anmoderation der

Fall – verkauft als ein Symptom für den ‚menschengemachten Klimawandel'.

An dieser Stelle mahnte der Moderator an, „zum Thema" zu reden und mag der zuständigen Saal-Mitarbeiterin, die mir das Mikrofon übergeben hatte, ein Zeichen gegeben haben, tätig zu werden. Denn sie griff entschlossen nach meinem Mikrofon, um es mir aus der Hand zu nehmen – oder sollte es treffender heißen: „aus der Hand zu reißen" ...? – Ich sprach weiter:

Was jetzt gerade im Raum hier geschieht; ich merke ja auch den Unmut bei dem einen oder anderen ...

Der Geräuschpegel hatte sich gesteigert, offenbar wollte ein beträchtlicher Teil der Anwesenden eine derartige Infragestellung der gängigen „Klima"-Erzählung nicht dulden. Und das bei einer Generation, für die über fünf Jahrzehnte (!) hinweg demokratische Prozesse und die Freiheit der Meinung oberstes Gebot gewesen waren ...

Die Situation hatte sich zugespitzt, weil es jemand gewagt hatte, – unter Bezug auf allgemein zugängliche Quellen – Vertraut-Gewordenes in Frage zu stellen.

Was jetzt gerade geschieht, ist ein Beispiel dafür ...

Und noch lauter wurden die Rufe; schon wurde „aufhören" u. ä. skandiert ...

... dass wir in diesem Land totalitäre Verhältnisse haben.

Der Griff der Dame nach dem Mikrofon wurde zusehends nachdrücklicher ...

Und jetzt werde ich gezwungen, das Mikrofon abzugeben. Das wird jetzt mit Gewalt ...

Vielleicht war es dieses Wort, das noch mal innehalten ließ; denn für einen Moment war es mir doch noch möglich, diesen Satz auszusprechen:

Ich habe gefragt, ob es nicht umgekehrt sein könnte: Statt, dass die ‚Starkwetterereignisse' darauf hindeuten, dass es einen ‚menschengemachten Klimawandel' geben könnte ... – könnte es nicht auch umgekehrt sein: Könnten ‚Starkwetterereignisse' gezielt herbeigeführt werden ...

Schlagartig schwoll in diesem Moment der Lärm im Raum an – sozusagen ein akustisches Zeugnis der Zeitgeschichte ... Pfiffe, ja sogar Schreie waren zu hören! Doch noch hatte ich das Mikrofon:

Sehen Sie, ich komme ja nicht dazu, die Frage zu beenden – weil manche Herrschaften im Raum – gar nicht in der Lage sind, mir zuzuhören. Und ich rede trotzdem weiter ... – dann schauen Sie sich die ‚Tagesthemen'-Sendung vom 12. Oktober 2017[20] *an. Dort ist genau das thematisiert worden. Schauen Sie sich die Olympischen Spiele in Peking an, und schauen Sie sich die entsprechenden Beiträge dazu, die man abrufen kann, an.*

Der Moderator: „Würden Sie jetzt das Mikrofon abgeben!"

Ja, ich bin nicht dazu gekommen, das in Ruhe darzulegen – weil ich abgewürgt wurde. Aber die Zeit wird bald kommen, wo man frei diskutieren kann.

In diesem Moment war für die zart besaiteten Seelen im Saal die Qual, eine andere Meinung anhören zu müssen, beendet: Zur

---

20 https://www.youtube.com/watch?v=EMfTXgJH2Fc // Anlass des „Tagesthemen"-Beitrags war diese Konferenz in Berlin im Oktober 2017: https://www.rifs-potsdam.de/de/news/die-climate-engineering-conference-2017-cec17-berlin-ein-internationales-forum-fuer-kritische

Erleichterung übergab ich nun das Mikrofon. Wie war nun die Reaktion des Moderators ...? Würde er auf die geäußerten Inhalte bzw. Argumente eingehen, sie in irgendeiner Weise zur Kenntnis nehmen? Stattdessen sagte er:

„Darf ich zur nächsten Frage kommen?"

Und auch im weiteren Verlauf der Veranstaltung wurde auf die Inhalte dessen, was der unbequeme – ja, für manche geradezu unerträgliche – Redner gesagt hatte, mit keiner Silbe mehr eingegangen. Soviel zum Thema „Debatten-Kultur" – im Deutschland des Jahres 2023.

Eine solche Erfahrung vergisst man nicht so schnell ... Zwei Tage später bot sich, anlässlich einer Kundgebung in Neuötting, die Gelegenheit, das Erlebte weiter zu verarbeiten und daraus Schlüsse zu ziehen. Ich war dort zu einem Beitrag eingeladen und nutzte die Gelegenheit, den Freunden von diesen irritierenden Erlebnissen zu berichten.[21]

Ich möchte Euch erzählen von dem, was wir in Ulm und Neu-Ulm einfach mal probiert haben. Wir sind da in Versammlungen gegangen, wo es um das Thema ‚Klimaschutz' ging. Im einen Fall waren es etwa 60 Menschen, als es um das ‚Klimaschutzkonzept' der Stadt Neu-Ulm ging. Und vorgestern wurde im Stadthaus in Ulm die Frage ‚Wie heizt Ulm?' behandelt. Und permanent fiel das Wort ‚Dekarbonisieren' und ‚CO_2-Vermeidung' und ‚CO_2-Fußabdruck' und pipapo, und wie diese Begriffe alle heißen.

Unter den 200, die vorgestern da saßen, waren drei aus der Wahrheitsbewegung. Und von den dreien haben sich zwei zu Wort gemeldet, und einer kam dran. Und was der eine gesagt hat, war für die da im Raum – höchst peinlich, im Ursinn des Wortes. Denn ‚Pein' heißt ja

---

21 https://odysee.com/@doktorlanghans:6/04-05-2023,-neu%C3%B6tting-dr.-daniel:2

‚Schmerz'. Es war höchst schmerzhaft zuzuhören, denn er hat nichts anderes gemacht als das gesamte ‚Klima'-Narrativ in Frage zu stellen.

Er hat darauf hingewiesen, dass die Striche nicht nur am Himmel zu sehen sind, sondern dass diese Striche sogar schon auf Packungen von Spielzeug (Lego, Duplo) oder auf Werbetafeln (z. B. bible-server. com) zu finden sind. – Damit soll der Bevölkerung die Tatsache, dass der Himmel voller Striche ist, als Normalität verkauft werden. Und wir sind aber alt genug; wir wissen, dass das ein Blödsinn ist. Ein blauer Himmel ist ein blauer Himmel, oder ..? (Beifall)

Das wird alles noch herauskommen. Jedenfalls spricht er dann immer weiter, und je länger er redet, indem er seine entscheidende Frage vorbereitet, umso mehr Unruhe kommt im Raum auf. Das könnt Ihr Euch vorstellen, oder? Und irgendwann wird es dem Moderator zu bunt, und er sagt: ‚Stellen Sie Ihre Frage!"

Und er lässt sich aber nicht aus der Ruhe bringen, sondern spricht weiter. Und wieder wird versucht, ihn zum Schweigen zu bringen. Plötzlich kommt ein Klatschen in der Menge auf, was so viel bedeutet wie: ‚Jetzt halt endlich deine Klappe; setz dich wieder; wir wollen das von dir nicht hören!' ...

Und jetzt geht es darum, dass wir das durchhalten, Ihr Lieben. Wir haben so viel durchgehalten in den letzten drei Jahren – da werden wir doch auch den Widerspruch in solchen Versammlungen aushalten, oder? (Beifall)

In der entsprechenden Versammlung in Neu-Ulm waren wir unter den 60 zu siebt. Und wisst Ihr, wie viel von den sieben das Wort ergriffen haben? Fünf! – Das ist doch eine Mega-Quote! (Beifall) Wir brauchen die Menschen, die jetzt hingehen sich der Diskussion in der Öffentlichkeit stellen ... – und so ist es vorgestern auch gelaufen: Wir bieten den Dialog an.

Und jetzt zu der entscheidenden Frage: Es wird uns ja jedes Starkwetterereignis (Stichwort Ahrtal) verkauft als ein Symptom und damit

Beweis für den angeblich ‚menschengemachten Klimawandel'. Könnte es eventuell sein, dass es genau umgekehrt ist: Dass nämlich durch gezielte Wetter-Manipulation ein Zustand von entsprechenden Wetterereignissen hergestellt wird, die dann den Menschen verkauft werden, um das ‚Klima'-Narrativ aufrechtzuerhalten? Könnte das näher an der Wahrheit sein? (Beifall)

Ihr klatscht jetzt. Die Menschen da im Raum waren dazu natürlich nicht in der Lage, weil sie das nicht umrissen haben. Aber wir, Ihr Lieben, können natürlich bei der Einstellung verharren, und solche Sätze kennt jeder von Euch: ‚Ach, die wollen nicht! Ach, die erreichen wir nicht! Ach, die Schlafschafe wirst du nie bekehren!' – Oder aber wir machen unseren Job! Und unser Job ist, die Menschen aufzuwecken, und damit nicht aufzuhören. Wir sind die Wahrheits- und Friedensbewegung! (Beifall) Und dazu gebe ich jetzt noch ein paar Tipps:

***Tipp 1: Einschüchterungen ignorieren.** Wenn du anfängst, unbequeme Sachen zu sagen, kannst du die Uhr danach stellen, dass jemand mit Unruhe oder gar Pfiffen reagiert. Das einfach aushalten! Das ist unser Job hier!*

***Tipp 2: Fragen stellen statt behaupten.** Sich nicht am Mikrofon hinstellen und sagen, ich weiß alles besser, ich erkläre euch jetzt, warum das ‚Klima'-Narrativ ein Schwindel ist. Also am besten Fragen stellen und diese zu Hause vorbereiten.*

***Tipp 3: Dokumentieren.** Bitte dokumentiert, was Ihr tut; in Bild und/oder Ton. Also, ich habe in beiden Fällen eine Audio-Aufnahme gemacht – die jetzt auch im Internet steht. So haben wir dokumentiert, mit welchen faschistischen Methoden Menschen heute zum Schweigen gebracht werden sollen. Aber das macht uns nichts …*

***Tipp 4: Bezugnahme auf anerkannte Quellen.** Bezieht euch nicht auf irgendwelche ‚Schwurbler'-Videos. Sondern bezieht euch auf*

Videos in den Mainstream-Medien. Und gerade zu dem Thema ‚Wetter-Manipulation" gibt es sehr spannende Videos, die auf Fernsehbeiträge zurückgehen. Da hat doch tatsächlich am 12. Oktober 2017 in den Tagesthemen eine Reportage stattgefunden, wo über eine Tagung berichtet wurde, die zeitgleich in Berlin stattfand, zum Thema „Geo-Engineering". Wenn du dich darauf beziehst, dann können sie dich nicht als ‚Schwurbler' hinstellen.

***Tipp 5: Den Dialog anbieten.** Sagt: ‚Lasst uns einen runden Tisch machen!' – Wie damals in der DDR. Auf der regionalen Ebene.*

***Tipp 6: Die Wahrnehmung publizieren.** Das, was ihr wahrnehmt im Raum: Redet darüber, macht darüber Videos, sichert eure Erfahrungen auf diese Weise – damit das für die Nachwelt erhalten bleibt. Die sollen wissen, was für einen tollen Job ihr gemacht habt.*

***Tipp 7: Sich im Raum verteilen.** Verteilt die Truther, also die Freunde aus der Wahrheitsbewegung im Raum, damit sie nicht alle auf einem Haufen sitzen.*

***Tipp 8: Beifall äußern.** Wenn unser Redner, der da am Mikrofon unter Druck steht, einen guten Satz rausgebracht hat, dann traut euch, einfach mal zwischendurch Beifall zu klatschen.*

***Tipp 9: Den Redner unterstützen.** Also, wenn zum Beispiel mein Nachbar etwas dazwischenruft, um den Redner aus dem Konzept zu bringen, dann den Nachbarn ansprechen und sagen: Hier darf doch jeder frei reden, wir haben doch Demokratie …*

Wir werden das Ding in die richtige Richtung bringen. Ich sehe vor mir lauter Gesichter, die dazu bereit sind. Und dafür sage ich von Herzen: Dankeschön.

Kapitel 3

Deutschland im Aufbruch

Am 10. Juni 2023 gab es eine Kundgebung in Erding[22], zu der die Kabarettistin Monika Gruber eingeladen hatte. Es war die Zeit, in der die Menschen in Deutschland mit dem sog. „Gebäude-Energie-Gesetz" gequält wurden. Ein Jahr später wollte Bundeswirtschaftsminister Robert Habeck dann glauben machen, er habe die Menschen lediglich für ein Experiment missbrauchen wollen.[23]

Doch im Frühsommer 2023 kochte es in Deutschland – und so machten wir uns auch aus Ulm in einzelnen Fahrgemeinschaften auf den Weg nach Bayern. Beeindruckend war zum einen, dass der bayerische Ministerpräsident Söder ausgepfiffen wurde, der damit – so meine Interpretation – die Quittung für seine Unterstützung der globalistischen Agenda, insbesondere in puncto „Corona", ausgestellt bekam.

Des weiteren gab es einen elektrisierenden Moment, der noch lange weiterwirkte: Monika Gruber rief, auf der Zielgeraden der Veranstaltung, den etwa 15.000 Menschen zu: „Hand aufs Herz: Wer is hejt zum allerersten Mol auf ara Demo? – Wahnsinn. Des san jo neinzk Prozent!"

Vertraut man der spontanen Schätzung (90 %) der Organisatorin, waren somit mehr als 13.000 Menschen erstmals (!) zu einer

---

22 https://www.youtube.com/watch?v=UnHx-IJ2QjU

23 Robert Habeck, am 25.5.2024 in Berlin: „Die Debatte um das Gebäude-Energie-Gesetz, also: wie heizen wir in Zukunft?, war ja auch äh, ehrlicherweise, ein Test, wieweit die Gesellschaft bereit ist, Klimaschutz – wenn er konkret wird – zu tragen": https://www.youtube.com/watch?v=irQ98ltTzdI

Protestveranstaltung erschienen. Diese Erkenntnis weckte Hoffnung. Was hatte sie auf die Straße getrieben?
„jetzt reicht`s" – mit diesen beiden Worten war die Stimmung zusammenzufassen, die in Erding herrschte. Für uns Ulmer jedenfalls war dieser 10. Juni der Anstoß, um ein Projekt aus dem Taufwasser zu heben. Unter dem Leitwort „jetzt reicht`s", das hinsichtlich der Inhalte gezielt offen formuliert war, entschlossen wir uns in einer kleinen Gruppe, die sich im privaten Umfeld traf, für den 15. Juli zu einer Großdemonstration in Ulm aufzurufen.

Das Anmelde-Prozedere übernahm die Profi-Pflegekraft Katharina Jansen[24], welche den Ausdruck einer Politik, der die Großkonzerne wichtiger sind als die Menschen, in Krankenhäusern und Pflegeheimen täglich erfahren hatte. Seit einiger Zeit war sie in der Ulmer Demokratie-Bewegung aktiv geworden.

Am 15. Juni 2023 wurde ein Video-Aufruf an meine Geschäftspartner publiziert und per email versandt.[25] Darin wurde mit folgenden Worten auf die bevorstehende Großdemonstration hingewiesen:

Wie zufrieden sind die Menschen im Land mit dem, was die Politiker mit ihnen machen? Wie weit fühlen die Menschen sich überhaupt noch vertreten durch die Politiker – egal, welcher Partei? Läuft hier etwas mit den Menschen im Land aufgrund von höherer ‚Vorgabe' ...? Das jedenfalls ist die Auskunft, die man_bekommt auf Versammlungen, wo es beispielsweise um das ‚Klima'-Narrativ geht:

„Das sind Vorgaben, die müssen wir umsetzen!"

Aber wie ist das in einer Demokratie? Entscheiden da irgendwelche internationale Organisationen, oder entscheiden die Menschen? Und

---

24 https://profi-pflege-mit-frieden-im-herzen.de/

25 https://odysee.com/@doktorlanghans:6/15-06-2023,-dr.-daniel-langhans-'an:3 // https://youtu.be/l5E1veehumo

das ist es, was jetzt im Frühsommer 2023 in der Bevölkerung so langsam Platz greift. Mehr und mehr Menschen stellen die Frage: Sind wir überhaupt vertreten in der Politik? Läuft das gegen unsere Interessen? Und genau diese Dinge zu besprechen und dem eigenen Unmut Ausdruck zu verleihen – dafür gibt es in einem Rechtsstaat Möglichkeiten. Und das insbesondere an dem Münsterplatz, wo ja insbesondere auch an den Widerstand in schweren Zeiten erinnert wird: Hat man da eine Verantwortung? Wenn ja, welche? Und auf welche Weise will man sie wahrnehmen?

Vor den Erfolg hat der Herrgott die Mühen gesetzt. Bis zum 15. Juni war nur noch ein Monat Zeit; jeder Tag kostbar, den es zu nutzen galt. Mit privat gesammelten Finanzmitteln wurden Flyer beauftragt, die mit großer Hingabe durch viele einzelne Aktivisten in der Region verteilt wurden. 20.000 Haushalte hatten letztendlich den Flyer bekommen, für den Katharina Jansen als

Anmelderin der Kundgebung verantwortlich zeichnete. Auch mittels eines Kurz-Videos[26] wurde die Veranstaltung beworben, das durch die sozialen Netzwerke viral ging.

Im Text wurde vermieden, einzelne Themen-Bereiche (etwa „Corona" oder „Ukraine-Krieg" etc.) herauszugreifen, sondern es gab verschiedene Inhalte, die letztlich alle in einem Rahmen-Thema mündeten: „Demokratie statt Diktate", Schluss mit der Bevormundung der Bürger – symbolisiert am Fass, das übergelaufen ist. Auch Banner wurden gedruckt und bei den Spaziergängen, die jeweils freitags um 19.00 Uhr in Ulm stattfanden, mitgeführt.

Parallel dazu wurden die erforderlichen Gespräche mit der Ordnungsbehörde geführt. Und da gab es denn gleich beim ersten Aufeinandertreffen, wie später im kleinen Kreis berichtet wurde, erhebliches Konfliktpotential. Die Mitarbeiter der Behörde wollten die Versammlung hinsichtlich Zeit und Ort massiv einschränken.[27] Darauf reagierte Katharina Jansen noch am selben Tag mit folgendem Schreiben:

„Nach unserem heutigen Koordinationsgespräch ... und dem nachgereichten Schreiben Ihrer Mitarbeiterin gebe ich Ihnen zur Kenntnis, dass ich die Versammlung exakt so durchführen werde, wie dies bereits am 30. Mai 2023 von mir angezeigt worden ist. Ggfs. später angemeldete Hochzeiten oder Konzerte sind gegenüber einer ordnungsgemäß angemeldeten Versammlung, die durch

---

26 https://odysee.com/@doktorlanghans:6/2307xx_Werbevideo_Ulm1507:0 // https://www.youtube.com/watch?v=oIm_ghMkJ-o

27 Leider ist das seit April 2020 bundesweit fast durchgängig zu beobachten – dass Versammlungsbehörden den Anmeldern schikanöse Auflagen machen oder auch sonst das Versammlungsrecht ungebührlich einschränken. Daher wird hier im folgenden auf diese Auseinandersetzung mit der Behörde genauer eingegangen.

das Grundgesetz (Art. 8 sowie Art. 5) – also auf höchstmögliche Weise – geschützt ist, nachrangig zu behandeln. Ihnen ist bekannt, was das Versammlungsgesetz in §14, Absatz 1 festhält:

‚Wer die Absicht hat, eine öffentliche Versammlung unter freiem Himmel oder einen Aufzug zu veranstalten, hat dies spätestens 48 Stunden vor der Bekanntgabe der zuständigen Behörde unter Angabe des Gegenstandes der Versammlung oder des Aufzuges anzumelden.'[28]

Ihnen ist bekannt, dass ‚die Versammlungsfreiheit ein Grundrecht (ist), für dessen Ausübung keine Erlaubnis erteilt werden muss.'[29] Bereits am 30. Mai 2023 hat mir Ihre Mitarbeiterin mündlich zugesagt, dass für die Versammlung am 15. Juli ab 15 Uhr der Münsterplatz genutzt werden kann.

Auf ihre höfliche Bitte hin habe ich ihr am 2. Juni 2023 den Ablaufplan für die Versammlung zugestellt. Anschließend gab es 14 Tage lang keine Reaktion!

Höflich bitte ich Sie um Verständnis ...:

1. Der am 19. Juni fernmündlich und im heutigen Gespräch wiederholte Hinweis Ihrer Mitarbeiterin, dass der Münsterplatz wegen diverser Hochzeiten wie auch wegen eines Konzertes nicht zur Verfügung stehe, ist für die Durchführung der – vom Grundgesetz geschützten – Versammlung irrelevant.

---

28 Anmerkung im Original: https://www.gesetze-im-internet.de/versammlg/BJNR006840953.html#BJNR006840953BJNG000300326

29 „Die Versammlungsfreiheit ist ein Grundrecht, für dessen Ausübung keine Erlaubnis erteilt werden muss. Das Versammlungsgesetz sieht keine Genehmigung für Versammlungen unter freiem Himmel vor": https://www.kreis-germersheim.de/buergerservice/ordnung-verkehr-wirtschaft-tourismus/ordnung-und-kommunalaufsicht/versammlungsrecht/

2. Dass mir von Ihrer Mitarbeiterin sogar eine bewusste Falschaussage („es finden im Münster stündlich Hochzeiten, bis 18 Uhr, statt") zugemutet wurde, ist als **sehr bedauerlich** zu bewerten.
3. Ebenfalls **sehr bedauerlich** (Hervorhebungen im Original) ist der Umstand, dass Sie mir persönlich vorgeschlagen haben, die Versammlung könne in der von mir am 30. Mai 2023 angezeigten Weise stattfinden, jedoch beispielsweise am 17. August 2023. Es ist mir unverständlich, warum Sie sich zu einer derartigen Aussage hinreißen lassen. Denn – wenn Hochzeiten oder Konzerte innerhalb von sechs Wochen urplötzlich (und grundgesetzwidrig) von Ihnen als vorrangig angesehen werden: Wer garantiert, dass mit einer für den 17. August 2023 angezeigten Versammlung nicht analog verfahren würde ...?

Kurzum: Den Auflagenbescheid zur – von mir ordnungsgemäß angezeigten – Versammlung (die keiner Bestätigung durch Ihre Behörde bedarf, s. o.), erwarte ich von Ihnen bis spätestens Freitag, den 30. Juni 2023 ..."

Tatsächlich traf der Auflagenbescheid der Ordnungsbehörde zeitnah ein, noch vor Ablauf des 30. Juni. Allerdings waren darin für die Versammlung hinsichtlich Beginn wie Ende und auch Gesamtdauer massive Beschränkungen vorgesehen, so dass sich Katharina Jansen – erneut – zu einem deutlichen Schreiben veranlasst sah:

„(Anrede) möglicherweise hatte ich mich in meinem Schreiben vom 23. Juni 2023 nicht deutlich genug ausgedrückt. An den Inhalten Ihres Auflagenbescheids vom 30. Juni 2023 vermag ich jedenfalls nicht zu erkennen, dass Sie mein Schreiben berücksichtigt oder überhaupt zur Kenntnis genommen haben. Im sog. „Brokdorf-Beschluss" des Bundesverfassungsgerichts von 1985 ist festgehalten worden:

Als Abwehrrecht, das auch und vor allem andersdenkenden Minderheiten zugutekommt, gewährleistet Art. 8 GG den Grundrechtsträgern das Selbstbestimmungsrecht über Ort, Zeitpunkt, Art. und Inhalt der Veranstaltung und untersagt zugleich staatlichen Zwang, an einer öffentlichen Versammlung teilzunehmen oder ihr fernzubleiben. (...) das Recht, sich ungehindert und ohne besondere Erlaubnis mit anderen zu versammeln, galt seit jeher als Zeichen der Freiheit, Unabhängigkeit und Mündigkeit des selbstbewussten Bürgers." (BVerfGE 69, 315).'[30]

Hiermit kündige ich Ihnen an, gegen Ihren Auflagenbescheid vom 30. Juni 2023

KLAGE

zu erheben, sofern Sie meinen Wunsch, die Versammlung am 15. Juli 2023 nach Ort, Inhalt und Zeit (also auch Dauer) selbst festzulegen, nicht respektieren werden, was als gezielte Ignoranz der höchstrichterlichen Rechtsprechung der Bundesrepublik Deutschland (Bundesverfassungsgericht) anzusehen wäre.

In aller Höflichkeit bitte ich Sie, den Auflagenbescheid vom 30. Juni 2023 zu modifizieren, indem Sie den Münsterplatz als Ort der Versammlung am 15. Juli 2023 und die Dauer (15 bis 20 Uhr) uneingeschränkt bestätigen, und mir diese revidierte Fassung des Auflagenbescheids

bis 6. Juni 2023, 24:00 Uhr,

zugänglich zu machen.

30 Anmerkung im Original: https://www.uni-trier.de/fileadmin/fb5/prof/OEF003/Alexandra_Seuser/BVerfGE_69__315ff.-_Brokdorf-Beschluss.pdf

Gemäß dem o. g. Beschluss des Bundesverfassungsgerichts ist die staatliche Behörde ‚*gehalten, nach dem Vorbild friedlich verlaufender Großdemonstrationen* ***versammlungsfreundlich zu verfahren***' (BVerfGE 69, 315 / Hervorhebung im Original).[31]

Vor diesem – konstitutionellen – Hintergrund bitte ich Sie – ebenfalls höflich –, folgende Punkte zu beachten:

1. Die von mir angezeigte Versammlung ist gemäß Art. 5 sowie 8 GG auf höchstmögliche Weise geschützt; sie ist am 2. Juni 2023 in schriftlicher Form angemeldet worden.

2. Das im Auflagenbescheid (S. 5, 2. Absatz) angegebene Argument, die ‚Durchführung der Versammlung (sei) nicht wie angemeldet möglich, da dadurch die Interessen anderer in unerträglichem Maß beeinträchtigt werden würden', ist irrelevant. Dies erhellt u. a. aus folgenden Gründen:

   a) Die zuständige Mitarbeiterin der Behörde hat bereits bei der am 30. Mai 2023 erfolgten mündlichen Anmeldung der Versammlung bestätigt, dass der Münsterplatz zur Verfügung steht – und dafür keinerlei zeitliche Einschränkung genannt.

   b) Wenn, wie im Auflagenbescheid ausgeführt, am 13. Juni 2023 eine Mitteilung der Münstergemeinde eingegangen ist (es fänden an dem für die Versammlung vorgesehenen Tag, ab 13 Uhr im Stundentakt Trauungen und abends ein Konzert' statt: Auflagenbescheid, Seite 4, 2. Absatz), wäre die Kirchengemeinde umgehend darüber zu informieren gewesen, dass die ordnungsgemäß angezeigte Versammlung

   – durch das Grundgesetz höhere Priorität hat und

31 Anmerkung im Original: https://www.lecturio.de/mkt/jura-magazin/brokdorf-beschluss-grundsatzentscheidung-des-bverfg-zum-versammlungsrecht-art-8-gg/#3-versammlungsfreundliches-verhalten-der-behoerden

– aufgrund der zeitlich früheren Bekanntgabe ohnehin Vorrang genießt.

Überdies ist die Behauptung schlicht unrichtig, durch eine Versammlung gemäß Art.5 und 8 würden die Interessen von Hochzeitsgesellschaften ‚in unerträglichem Maße beeinträchtigt' (Auflagenbescheid, S. 5, 2. Absatz). Richtig ist vielmehr, dass Kundgebungen auf dem Ulmer Münsterplatz allenfalls marginale akustische Auswirkungen auf Feierlichkeiten innerhalb des – durch starke Mauern abgeschirmten – Ulmer Münsters haben. Auch außerhalb des Eingangs stattfindende Hochzeits-Feierlichkeiten (Reis hochwerfen etc.) können am Seiteneingang des Münsters stattfinden, ohne durch die Kundgebung auf dem vorderen Teil des Münsters ‚in unerträglichem Maße beeinträchtigt' zu werden.[32]

c) Im Auflagenbescheid wird erwähnt, dass ‚abends ... ab 19:00 Uhr ein kirchenmusikalisches Konzert' stattfindet. Diese Aussage (Auflagenbescheid, S. 5, 2. Absatz) ist **verstörend (! – Hervorhebung im Original)**. Richtig ist vielmehr, dass für den 15. Juli abends überhaupt kein Konzert im Veranstaltungsführer der Stadt erwähnt ist[33], was auch durch einen persönlichen Anruf am heutigen 4. Juli 2023 bei der Stadt Ulm bestätigt wurde: Allenfalls ein Orgel-Training sei für den Abend eingetragen; welches wiederum durch eine Kundgebung außerhalb der Mauern des Ulmer Münsters keinerlei Beeinträchtigung ‚in unerträglichem Maße' darstellt. ...

32 Anmerkung im Original: „Als selbstverständlich sei hier nur angemerkt, dass wir am 15. Juli 2023 mit den Hochzeitsgesellschaften der – lediglich für 14 und 15 Uhr bevorstehenden – Feierlichkeiten im Ulmer Münster auf bilateralem Weg zufriedenstellende Lösungen finden können."

33 Anmerkung im Original: https://www.yumpu.com/de/document/read/67754285/musik-im-ulmer-munster-2023

Für eine bewusste Falschaussage stellt die deutsche Sprache ein gesondertes Wort zur Verfügung ... Im Sinn eines auch zukünftig vertrauensvollen Miteinanders will ich einmal annehmen, dass Ihnen eine Fehlinformation vorgelegen hat. Andernfalls kann so ein Verhalten mir gegenüber kaum als Basis für eine vertrauensvolle Kooperation angesehen werden. Jedenfalls ist dieser Vorfall vom 27. Juni als **bedauerlich** (Hervorhebungen im Original) einzustufen.

d) Bedauerlich ist zudem auch der Umstand, dass mir von Ihnen ... am 27. Juni 2023 im Kooperationsgespräch persönlich vorgeschlagen wurde, die Versammlung könne in der von mir am 30. Mai 2023 angezeigten Weise stattfinden, jedoch beispielsweise erst ‚am 17. August 2023'. Es ist mir unverständlich, warum Sie sich zu einer derartigen Aussage hinreißen lassen. Denn – wenn Hochzeiten oder Konzerte innerhalb von sechs Wochen urplötzlich (und grundgesetzwidrig) von Ihnen als vorrangig angesehen werden: Wer garantiert, dass mit einer für den 17. August 2023 angezeigten Versammlung wenige Wochen zuvor nicht analog verfahren würde ...?

3. Ohne dazu verpflichtet zu sein, gebe ich Ihnen meine persönlichen Motive für das Beharren auf dem ursprünglichen Konzept für die Versammlung bekannt:

   a) Zeit: Die in der Anmeldung genannten Themen sind in der Bevölkerung aktuell höchst virulent. Nach meiner Einschätzung bedarf es – noch vor der Sommerpause – einer solchen Versammlung, um den unter den Bürgern aufgestauten Gefühlen gegenüber einer als totalitär (sic!) empfundenen Regierung ein Ventil zu geben – exakt so, wie dies vom Grundgesetz in derartigen Zeiten vorgesehen ist. Ich denke mal, die massive Unzufriedenheit in der Bevölkerung über das definitiv unrechte Handeln der Politiker, indem diese die ‚Vorgaben' irgendwelcher nie gewählter internationaler Organisationen uns allen überstülpen, ist auch Ihnen persönlich nicht entgangen .

b) Dauer: Um die Themen in ihrer Vielfalt behandeln zu können, ist der von mir angegebene Zeitrahmen schlicht erforderlich.

c) Ort: Der Platz vor dem Münster ist für die zu erwartende Menge von Teilnehmern auch aufgrund der vorzüglichen Infrastruktur (Rettungswege sowie Anreise und Abfluss der Teilnehmer) der am besten geeignete Ort in Ulm. Hinzu kommt die Symbolik aufgrund des Denkmals für die Mitglieder der Weißen Rose, welche von Altbürgermeister Ivo Gönner zutreffend beschrieben wurde, es sei ‚wichtig (...), gerade auch heute nicht wegzusehen, wenn Unrecht geschieht, Courage zu zeigen und nicht zu schweigen'.[34]

Glauben Sie mir ..., es geht mir um nichts anderes als die Erhaltung unserer Demokratie und unseres Rechtsstaates – gegen einen zunehmenden Druck durch – demokratisch nicht legitimierte – überstaatliche Institutionen (WHO, EU, NATO, World Economic Forum etc.). Und hinsichtlich unserer Versammlung am 15. Juli 2023 bin ich zuversichtlich, dass auch Sie ein Einvernehmen anstreben.[35]

---

34 Anmerkung im Original: https://www.schwaebische.de/regional/ulm-alb-donau/ulm/auf-den-spuren-der-geschwister-scholl-in-ulm-300989

35 Anmerkung im Original: „Bereits an dieser Stelle mein Vorschlag, der Einsatzleiter der Polizei möge am 15.7.2023 mindestens die Hälfte der Kollegen, die ja nicht zu unserer Kontrolle, sondern zum Schutz unserer Grundrechte eingesetzt werden, nach angemessenem Zeitrahmen in den wohlverdienten Feierabend entlassen."

Eine Veröffentlichung dieses Schreibens an Sie behalte ich mir vor – da ihm einmal **zeitgeschichtliche Bedeutung** (Hervorhebung im Original) zugewiesen werden könnte.

Mit freundlichem Gruß. – Katharina Jansen

Ob Oberbürgermeister Gunter Czisch, der – wie seine Amtskollegin in Neu-Ulm, Katrin Albsteiger – über diesen Brief in Kenntnis gesetzt wurde, dann ein Machtwort gesprochen hat? Jedenfalls konnte die Veranstaltung am 15. Juli dann doch bis 19 Uhr, unbehelligt durch die Einsatzkräfte der Polizei, durchgeführt werden.

Beigetragen hatten dazu möglicherweise auch die subtropischen Temperaturen, die an diesem Tag in Ulm herrschten und die zugleich auch die Zahl der Teilnehmer eingeschränkt hatten (s. Kapitel 5). Gleichwohl bleibt abschließend die Frage:

Warum hat man sich seitens der Versammlungsbehörde dazu entschlossen, die Kundgebung in derart schikanöser Weise schon im Vorfeld zu behindern? Wo doch auf dem Ulmer Münsterplatz nahezu wöchentlich öffentliche Meinungsbekundung gemäß Art. 5 Grundgesetz stattfindet?

Kapitel 4

Kurze Rückblende: Krieg oder Frieden?

Ein Dreivierteljahr zuvor, am 24. September 2022, hatte es eine Kundgebung der Wahrheitsbewegung auf dem Marktplatz in Ulm gegeben. Bei strömendem Regen waren etwa 100 Teilnehmer der Einladung gefolgt. Dabei sprach ich mehrfach den Oberbürgermeister persönlich an, und zum Ukraine-Krieg bezog ich wie folgt Stellung[36]:

Und was uns auch gesagt wird: ‚Es ist so, dass dieser Krieg nur ein einziger Mensch zu verantworten hat.' Das ist es, was wir in den Medien seit 24. Februar gesagt bekommen. Gibt es hier jemanden, der das, was die Medien zum Ukraine-Krieg verbreiten, für die Wahrheit hält? Ich bitte mal um Handzeichen ... (es meldete sich einer) Oh, da gibt es jemanden. Ich freue mich, dass Sie da sind, und würde mich freuen, wenn sie irgendwo ein trockenes Plätzchen finden, dass Sie zuhören können.

Es wird im Moment im Donbass ein Referendum abgehalten. Dazu wird uns in den Medien gesagt, dass alles, was unter der Kontrolle der russischen Truppen stattfindet, natürlich nur gefälscht sein kann. – Lassen wir es für einen Moment so stehen. Ich will dem gar nicht widersprechen, weil ich ja nicht vor Ort bin. Aber ein Detail macht uns doch stutzig:

---

36 Wegen der akuten Gefahr, dass diese Rede aufgrund der brisanten Inhalte durch Youtube zensiert werden könnte, ist sie anschließend nicht dort, sondern auf der Platform ODYSEE publiziert worden: https://odysee.com/@doktorlanghans:6/24-09-2022,-ulm-dr.-daniel-langhans-wer:5

„Angriffskrieg"?

Nehmen wir einmal an, es gebe – zu einem Zeitpunkt X – hier in Ulm eine Initiative, eine Großmoschee zu errichten, so wie in Köln damals. Und der Oberbürgermeister würde vor dieser Abstimmung sagen: ‚Es darf jeder abstimmen, wie er möchte – aber wenn (das ist alles nur virtuell, was ich jetzt sage ...) jemand gegen die Moschee entscheidet, dann kommt er 15 Jahre ins Gefängnis.'

Was wäre von einer solchen Verfügung durch die Regierung zu halten? Ihr merkt, ich habe jetzt gerade nur scheinbar über Ulm gesprochen ... – Was ist davon zu halten, wenn im Donbass die Menschen, die für den Anschluss an die Russische Föderation stimmen, von der ukrainischen Regierung jetzt schon bedroht werden: Damit, dass sie für 15 Jahre ins Gefängnis kommen ...? Was ist denn von so einer Verfügung zu halten? Hat sich die ukrainische Regierung nicht allein dadurch schon diskreditiert – vor der ganzen Welt? Dass sie dies so verlautbart hat?

Es werden ja hier bei uns Drohungen ausgesprochen – wir dürften uns nicht einer sog. ‚Billigung eines Angriffskrieges' schuldig machen. Da werden dann Menschen von der Bühne geholt, wenn auch nur der Verdacht besteht, es könnte um eine Billigung des sog. ‚Angriffskriegs von Herrn Putin' gehen. Ich will das im Moment gar nicht vertiefen. Jetzt mal eine Frage dazu, an die Politiker und die Medien, die ja die Politiker dazu auch unterstützen:

Wo war denn eine gleiche Bestimmung 1999, als Serbien von der NATO bombardiert wurde? War es 2001, als in Afghanistan der sog. ‚friedliebende Westen' einmarschiert ist, so, dass jemand, der diesen Einmarsch befürwortet hat, angezeigt wurde, weil er einen ‚Angriffskrieg billige'? Wo waren denn, als Vietnam bombardiert wurde, als in Chile die dortige Regierung gestürzt wurde, als im Iran und in Guatemala der sog. ‚friedliche Westen' Kriege geführt hat – damals ist ja sicher darüber diskutiert worden und da gab es ja genug Stimmen, die das Vorgehen gerechtfertigt haben! –, hat es da jemals in den letzten Jahrzehnten den Fall gegeben, dass jemand wegen der ‚Billigung eines Angriffskrieges' auch nur angezeigt worden wäre? Also, das ist doch zumindest seltsam, oder? Dass hier plötzlich ein Straftatbestand „entdeckt" wird, den es in vergleichbaren Fällen vorher überhaupt nicht gegeben hat!

Antirussische Exzesse

Habt Ihr das auch gelesen, dass es Aufrufe gab, die lauteten: ‚Kauft nicht bei Russen' ...? Ich spreche es nicht aus, sondern ich frage euch jetzt alle: woran erinnert uns Deutsche der Satz ‚Kauft nicht bei Russen' ...? Und daran, dass ihr jetzt weitgehend nickt, merke ich, dass ihr mich verstanden habt. Und, Ihr sogenannten ‚Verfassungsschützer': Nein, ich mache Euch nicht den Gefallen, dass ich jetzt einen Vergleich herbeiführe. Das könnt Ihr selbst machen, denn dafür seid Ihr zuständig. Eure Aufgabe ist es, unsere Verfassung zu schützen! (Beifall)

Dann gibt es eine Direktorin an einer Münchner Klinik. Ich lese nicht den Namen, sondern das vor, was sie geschrieben hat: ‚Aufgrund der schweren Völkerrechtsverletzungen durch den offenbar geistesgestörten Autokraten Putin lehnen wir ab sofort grundsätzlich die Behandlung russischer Patienten ab. Ukrainische Patienten sind natürlich herzlich willkommen.'

In einer Münchner Klinik! Das nenne ich antirussische Hetze in diesem Land – und wir wollen es nie wieder haben, dass Bevölkerungsgruppen gezielt verhetzt werden („Bravo").

Weiter hören wir an, was ein gewisser Olaf Scholz gesagt hat: ‚Und schließlich werden wir den Druck auf Russland weiter erhöhen, zum Beispiel mit den Sanktionen, die wir auf den Weg gebracht haben. ‚Die sind lange vorbereitet, lange bevor der Krieg ausgebrochen worden – äh, ausgebrochen ist, haben wir darüber gesprochen.'

Was hat der Herr Scholz uns hier verraten? (Zwischenruf: ‚Geplanter Krieg!')

Dass das ein geplanter Krieg gewesen ist, Herr Scholz, Sie sind erwischt worden bei einer Freudschen Fehlleistung, und wir haben genau zugehört. Ich wiederhole: ‚Die sind lange vorbereitet, lange bevor der Krieg ausgebrochen worden[37] *– äh, ausgebrochen ist, haben wir darüber gesprochen.'*

Hier wollte jemand sagen, dass alles vorbereitet ‚worden' ist. Und genau das kam an der Stelle zum Ausdruck. Herr Scholz, Sie sollten klar und deutlich sagen, wer Ihre Auftraggeber sind – jedenfalls nicht das deutsche Volk! (Beifall)

Und zu dem Thema ‚antirussische Exzesse' gehört auch das, was am 2. Mai 2014 in Odessa geschehen ist[38]*. Wir haben – rauf, runter – gehört, was angeblich, wohlgemerkt angeblich, russische Streitkräfte in Kramatorsk und in Butscha verübt haben sollen. Die seltsame Entdeckung besteht darin, dass kein einziger der Namen veröffentlicht wurde – derer, die in Butscha zu Tode gekommen sind. Warum werden diese Namen verheimlicht*[39]*? Will man dadurch weitere Nachforschungen unmöglich machen? Will man verhindern, dass entdeckt wird, dass es genau umgekehrt war: Dass nämlich das Massaker von ganz anderen als von russischen Kräften verübt worden ist …? Das stellen wir hier nur als Frage. Nicht, dass Ihr uns falsch versteht, Ihr Journalisten. Ich habe hier keine Behauptung aufgestellt.*

---

37 https://aktuelle-nachrichten.app/scholz-sanktionen-gegen-russland-geplant-lange-bevor-der-krieg-ausgebrochen-worden-ist/

38 Beitrag von Dr. Eike Feselfeld: https://www.lto.de/recht/hintergruende/h/2014-odessa-42-tote-buergerkreig-brand-ukraine-russland-un-europarat-ermittlungen-emrk/ // https://www.mdr.de/heute-im-osten/odessa-gewerkschaftshaus-102.html

39 Beitrag von Thomas Röper: https://anti-spiegel.ru/2023/die-eu-hat-noch-immer-keine-liste-der-toten-von-butscha/

Gezielte Desinformation

Wer von Euch fühlt sich durch die Medien wirklich gut informiert über den Ukraine-Konflikt? (keiner zeigt auf) Derjenige, der eben aufgezeigt hat, hat uns leider verlassen. Wir hätten uns gern auch mit ihm ausgetauscht über das Thema …
Kommen wir zu der Sendung in der Reihe ‚Die Anstalt' vom 29. April 2014[40]*. Zwei clevere Menschen, Claus von Wagner und Max Uthoff, haben uns schon damals etwas Wichtiges deutlich gemacht. Bevor wir uns das anschauen: Gegen die weitere Ausstrahlung dieser Sendung hat jemand rechtliche Mittel eingelegt – gegen eine Satire-Sendung …! Würde er das machen, wenn er dabei nicht sehr, sehr schlecht aussehen würde? Um die NATO und die sog. ‚Transatlantik-Brücke' gibt es ein ganzes Netzwerk von Nichtregierungsorganisationen. Mehr dazu im Buch von Thomas Röper, ‚Inside Corona'*[41] *Da steht drin, wie wir durch NGOs ‚regiert' werden und wie dort eigentlich Welt-Politik gemacht wird …*

Und dieser Herr hat dagegen Einspruch erhoben. Warum? Weil die beiden kritischen Journalisten in dieser Sendung aufgedeckt haben, dass – speziell dort in der Ukraine – sog. ‚Westliche Interessen' massiv vorangetrieben werden und dass diese NATO-Netzwerke dabei nicht zimperlich vorgehen. Und da heißt es an einer Stelle der Satire-Sendung, wenn in diesen Netzwerken auch Journalisten mitwirken, möge das wohl so sein. Doch als unabhängiger Journalist lasse man sich seine Meinung ja nicht vorschreiben. Und dann sagt der andere der beiden Satiriker: ‚Von den Lesern nicht …. – Kennen Sie folgende Organisationen …?'

---

40 https://www.bitchute.com/video/OqybrtMZ2XeY/ // Hier zusätzlich ein Versuch, diese Sendung per Youtube zu verlinken … – https://www.youtube.com/watch?v=1LONPFtP1GY

41 Gelnhausen 2021 // https://www.j-k-fischer-verlag.de/J-K-Fischer-Verlag/INSIDE- CORONA--10647.html

Ich merke an Eurem Schmunzeln, dass der eine oder andere die Sendung gesehen hat. Und dann blättern sie auf: Münchner Sicherheitskonferenz, Trilaterale Kommission, The German Marshall Fund of the United States, Atlantische Initiative, Atlantik-Brücke. Und dann sagt der eine: ‚All diese Organisationen haben auf sicherheitspolitische Fragen immer dieselbe Antwort: Mehr Rüstung'.
Diese Sendung hat uns – am 29. April 2014 – bereits gezeigt: Es war ein geplanter Konflikt, die NATO steckt dahinter. Und jetzt komme ich zu meinem Kronzeugen.

Wer bei diesem komischen Corona-Projekt von Anfang an führend mitgewirkt hat, ist der ‚Papst' Franziskus. Der hat sich nicht mit Ruhm bekleckert ... Er hat daran mitgewirkt, dass vielen Menschen Leid angetan wurde, dadurch, dass er für die Angestellten des Vatikans die Spritze befohlen hat. Aber er sagte – und jetzt haltet euch fest: Hinter dem Ukraine-Krieg steckt die NATO.[42] *Die NATO-Strategen sind die eigentlichen Kriegstreiber.*[43] *Danke, ‚Papst' Franziskus! (Beifall)*

Historische Ursprünge[44]

„Der Krieg fiel nicht vom Himmel"[45] *– so lautet ein Artikel von Leo Ensel, auf den ‚nachdenkseiten.de'. Mal bitte ein Applaus für die Nachdenk-Seiten! (Beifall) Am 25. September 2001 hat im Deutschen*

---

42 Meldung vom 4.5.2022: https://www.welt.de/politik/ausland/article238544453/Vatikan-Bellen-der-Nato-vor-Russlands-Tuer-koennte-laut-Papst-Ukraine-Einmarsch-erleichtert-haben.html // https://www.weekend.at/politik/papst-nato-schuld-ukraine-krieg

43 Vgl. dazu den Vortrag von Dr. Daniele Ganser am 14.9.2009 an der Universität Basel: https://www.bitchute.com/video/DBxBrEOU1Jxn/

44 Vgl. zum folgenden den Vortrag von Dr. Daniele Ganser am 10.5.2015 in Berlin: https://rumble.com/v1x6df9-dr.-daniele-ganser-ukraine-2014-ein-illegaler-putsch-berlin- 10.5.2015.html

45 https://www.nachdenkseiten.de/?p=84514 (Teil 1) // https://www.nachdenkseiten.de/?p=84520 (Teil 2)

Bundestag ein Herr gesprochen. Und auf den wird in diesem Artikel Bezug genommen. Ich zitiere aus dieser Rede im Bundestag:

‚Wir leben weiterhin im alten Wertesystem. Wir sprechen von einer Partnerschaft (also zwischen Ost und West). In Wirklichkeit haben wir aber immer noch nicht gelernt, einander zu vertrauen. Trotz der vielen süßen Reden leisten wir heimlich Widerstand, zum Beispiel konnten wir uns immer noch nicht über die Probleme im Zusammenhang mit dem Raketenabwehrsystem einigen.‘[46]

Wenn ich über die Worte, die Herr Wladimir Putin (merkt Ihr, wie ich über ihn rede?) damals im Deutschen Bundestag gesagt hat, nachdenke – dann bedeuten diese Worte: Er hat die Hand dem Westen gereicht, und er hat den Westen fast auf Knien darum gebeten, man möge friedliche Lösungen finden. Und sie sollen endlich aufhören, ihren Machtbereich geostrategisch immer weiter voranzutreiben, um nicht zu sagen: voranzuboxen! – Das hat der Herr Putin damals gesagt, in einer diplomatischen Sprache. Inzwischen ist die Sprache etwas anders geworden.

Wisst Ihr, was derselbe Herr im Januar 2021 gesagt hat, als er in Davos auf dem Treffen derjenigen sprechen konnten, die ja die eigentlichen Agenda für die gesamte Welt vorantreiben, nämlich beim sog. Weltwirtschaftsforum ...?[47] *– Er sagte: ‚Die neue Weltordnung ist zu Ende‘. Er hätte es fast noch etwas deutlicher ausdrücken können: ‚Steckt Euch Eure Globale Diktatur sonst wohin!‘ (Beifall)*

Und es gibt unglaublich viel zur Vorgeschichte zu entdecken. Ich möchte nur auf wenige Punkte hinweisen. Da gibt es ein Gespräch,

---

46 Die Rede von Wladimir Putin am 25. September im Deutschen Bundestag: https://www.bitchute.com/video/SsnXIgwX78OF/ // https://www.bitchute.com/video/ndVyMy8UskBa/

47 https://www.bitchute.com/video/jncIAWh2Oibh/ // https://www.bitchute.com/video/fwumY64clZil/

das zwei kundige Menschen geführt haben: Jürgen Elsässer und ‚Aktivist Mann' bzw. ‚Mateo', also Matthäus Westphal. In diesem Video weisen sie darauf hin, dass in der Ukraine ganz gezielt Menschen ans Ruder gebracht wurde, die ‚pro-westlich' orientiert sind. Bedeutet ‚pro-westlich' in diesem Zusammenhang, dass sich solche Ukrainer für uns und unsere Lebensumstände interessieren? – Nein, ‚pro-westlich' bedeutet hier: pro-NATO, pro-Kriegstreiber und pro-Weltwirtschaftsforum!

Und solche ‚Regierungen' werden dort, wo bestimmte geostrategische Ziele verfolgt werden sollen, und dafür ist die Ukraine nur EIN Beispiel, ganz gezielt platziert. Und das sind die Themen, über die die Menschen jetzt reden. Und deshalb bin ich so froh, dass es diese letzten zweieinhalb Jahre gegeben hat. Denn wir sind stärker geworden, und wir werden noch stärker! (Beifall)

Die beiden haben in diesem Gespräch erwähnt, dass der gewählte Präsident Janukowitsch damals zunächst bereit war zu einem Assoziierungs-Abkommen. Weil da jedoch, wie Herr Elsässer ausführt, ‚einige faule Eier' drin waren, hat er es doch zurückgewiesen. Und dann gab es doch keine Unterschrift, die EU dachte, die ‚sicher geglaubte Beute zu verlieren'. Dann wurden – gegen Herrn Janukowitsch – Straßenproteste organisiert, durch Nationalisten und ‚Nazis' unterstützt, wie es in der Sendung heißt.[48]

---

48 Zum folgenden: „Der Ukraine-Krieg ist kein Krieg der Ukraine gegen Russland, oder Russlands gegen die Ukraine; der Ukraine-Krieg ist ein seit Jahrzehnten vorbereiteter Krieg der USA gegen Russland, um Russland zu schwächen." (Oskar Lafontaine) „Ich seh`s genau gleich." (Dr. Daniele Ganser): https://www.youtube.com/watch?v=1Abm9xCSHc8 // „„Deutschland handelt im Ukraine-Krieg als Vasall der USA" (Oskar Lafontaine) Berliner Zeitung v. 30.8.2022: https://www.berliner-zeitung.de/politik-gesellschaft/oskar-lafontaine-deutschland-handelt-im-ukraine-krieg-als-vasall-der-usa-li.261471

Und wir wissen inzwischen, welche Bedeutung dieser gesamte – ich will das mal vorsichtig ausdrücken – ‚Gesinnungs'-Bereich[49] *dort in der Ukraine hat. Und die haben dann die Proteste ‚auch militärisch begleitet'. Dann kommt es zu dem berüchtigten Tag auf dem Majdan-Platz in Kiew. Und es fallen Schüsse. Diese wurden dem Herrn Janukowitsch angelastet, aber es waren Ausländer, worauf viele Indizien hinweisen. Das bedeutet, es wurden gezielt Menschen angeheuert, die dort die Schüsse auf die Bevölkerung abgegeben haben. Beschuldigt wurde Janukowitsch – um damit einen Regierungswechsel herbeizuführen.*

Das ist nicht das erste Mal, dass diese Herrschaften des ‚Bilderberger Club', des ‚Weltwirtschaftsforums' und des ‚Club of Rome' – und wie sie alle heißen – das organisiert haben. Das haben die zahlreich durchgeführt in der Welt; ich brauche jetzt keine weiteren Beispiele zu nennen. Jedenfalls übernahm eine Putsch-Regierung die Macht. Dann ging es um die Krim und um aufbrechende Kämpfe im Donbass. Diejenigen, die nicht die passende Gesinnung hatten, wurden dann ‚Separatisten' genannt. Das ist scheinbar etwas ganz Böses, wenn jemand ‚Separatist' ist. Aktuell werden beispielsweise die Menschen, die für den Anschluss an die Russische Föderation einsetzen, mit solchen Schimpfworten belegt.

In diesem sehenswerten Video behandeln die beiden auch die Frage, ob man von einer ‚ukrainischen Nation' im eigentlichen Sinne überhaupt sprechen kann. Ich habe so viele einzelne Beweise gesammelt –

---

49 Der nationalsozialistische (sic!) Hintergrund des Majdan-Putsches ist überdies am 6. März in dieser ZDF-Dokumentation der Sendereihe „Panorama" behandelt worden: https://rumble.com/vwm031-putsch-in-kiew-welche-rolle-spielen-die-faschisten-das-erste-panorama-06.03.html // Auch die Dokumentation des Oskar-Preisträgers Nikita Mikhalkov enthält viele substanziellen Nachweise über die Hintergründe des Ukraine-Konflikts: https://www.bitchute.com/video/mrnNuVNklSsw/ // https://www.youtube.com/watch? v=60DvsgvbDa4

darüber, was in den letzten 20 Jahren in der Ukraine abgelaufen ist! Russen und Ukrainer gehören zusammen, und sie werden sich niemals spalten lassen (zeigt das T-Shirt mit den ukrainisch-russischen Farben, Beifall).

Die – um es zurückhaltend zu formulieren – ‚Mitwirkung' dieser Kreise [für die ich das Wort ‚US-amerikanisch' bewusst nicht verwenden will, wir sollten von denen reden, die die geostrategischen Operationen im Hintergrund organisieren; die entsprechenden Ziele werden vom ‚Weltwirtschaftsforum' ganz offen benannt] findet ihren Ausdruck in den Aktivitäten der beiden Senatoren Lindsay Graham und John McCain. Dazu gibt es ein Video[50] *aus dem Jahr 2016. Da sind diese beiden vor Ort in der Ukraine zu sehen. Und es fallen die Worte: ‚Ich glaube, Ihr werdet gewinnen, und wir werden Euch mit allem versorgen, was Ihr zum Sieg braucht. Wir können nicht zulassen, dass Wladimir Putin hier Erfolg hat.'*

Wenn das im Mai 2022 stattgefunden hätte, dann könnte man sagen: Ja, der Westen muss gegen den ‚Aggressor Putin' zusammenhalten … uswusf. – Nein, es war nachweislich 2016. Und deshalb ist das ein Beweis dafür, dass dieser Krieg in der Ukraine seit vielen Jahren vorbereitet wurde, von diesen Kriegstreiberin gesteuert wurde. Und damit ist Schluss, denn die Menschen haben genug davon, und wir wollen Frieden für diese Welt! (Beifall)

Biologische Waffen

Wenn sich herausstellen würde, Herr Oberbürgermeister – tatsächlich, und zwar durch handfeste Beweise –, dass in der Ukraine – gegen jegliche internationale Abkommen, die es zu dem Thema gibt, und da gibt es

50 https://www.bitchute.com/video/ewd66470UChB/ // https://www.bitchute.com/video/QVikZVLMPElJ/ // https://rumble.com/v13oju3-2016-dec-31-political-treachery-as-war-mongering-whores-john-mccain-and-lin.html

ja einige, wie wir wissen! – die Entwicklung von Bio-Waffen betrieben wurde und – nachweislich! – mit mehr als 80 Millionen Dollar unterstützt wurden; wenn sich also herausstellen würde, dass es dort – vom Pentagon unterstützt – Bio-Labore gab zur Entwicklung von Waffen, wäre das für Sie ein Grund, um auf unsere Regierung einzuwirken, dass sie jegliche Kooperation mit diesen Schurken einstellt? (Beifall)

Kann man das nachweisen? Dazu will ich nur Victoria Nuland zitieren, aus dem März 2022: ‚... dass die Ukraine über biologische Forschungseinrichtungen verfügt und dass die USA besorgt sind, dass die Forschungsmaterialien in die Hände der Russen fallen könnten.'[51] *Frau Nuland, warum sind Sie besorgt, ‚dass biologische Forschung in die Hände der Russen fallen könnten'? – Das kann Sie doch nur dann besorgen, wenn Sie wissen, was für einen diabolischen Charakter diese biologischen Stoffe haben, was für einen Vernichtungs-Charakter! Was damit eigentlich gemacht werden sollte! Andere Gründe gibt es nicht, dass Sie besorgt sind!*

Und wir bitten darum, Herr Oberbürgermeister, dass Sie das recherchieren. Wir laden Sie übrigens wieder zum persönlichen Gespräch ein. Wir möchten – als Wahrheitsbewegung – mit Ihnen schon seit zweieinhalb Jahren in dieser Stadt reden, und wir bitten darum: Nehmen Sie unser Gesprächsangebot endlich an. Wir wollen an einem Runden Tisch mit Ihnen sprechen! (Beifall)

Dann würden wir Ihnen nämlich Beweise auf den Tisch legen, dass die Aktivitäten des Pentagon in den ukrainischen Bio-Laboren von der sog. ‚Defense Threat Reduction Agency' (DTRA) finanziert wurden. Wir reden da von mehr als 80 Millionen Dollar, nachweislich.

Was sind denn eigentlich die Kriegsziele, die diese Globalisten – ich sage immer: ‚Global-Faschisten' – verfolgen? Sie wollen ihren Macht-

51 https://www.bitchute.com/video/opWFVIrtxfN7/ // https://www.bitchute.com/video/F99VB7JW4DGO/

bereich weiter ausdehnen. Ich habe das immer so gesagt: Was man auf medizinischer Ebene versucht hat, nämlich alle Menschen unter eine Pyramide zu zwingen, das hat man auf geostrategischer Ebene versucht – durch die Ausweitung des Einflussbereichs der NATO. Letztlich sollte der einzige, der sich dem Vordringen der NATO widersetzt hat, in die Knie gezwungen werden. Was haben sie erreicht?

Sie haben das Gegenteil erreicht: Wer ist in der Welt in der Mehrheit: Diejenigen, die die Sanktionen gegen Russland unterstützen, oder diejenigen, welche sie nicht unterstützen und eigene Sicherheits-Netzwerke aufbauen und auf diese Weise mit der NATO jetzt endgültig abgerechnet haben? Die Letzteren sind in der Mehrheit. Die Weltbevölkerung will keine globale, also global-faschistische Weltordnung. Das werden sie niemals umsetzen. (Beifall)

Ich empfehle zu unserem Thema eine Ausarbeitung des Erzbischofs Carlo Maria Vigano. Wer kennt ihn nicht? – Das ist eine absolute Bildungslücke (Lachen). Denn alle diejenigen, die denken, die Kirche hat mitgemacht und unterstützt nur die globalen Eliten, den Global-Faschismus: Papst Franziskus unterstützt ja keineswegs alles, wie wir gesehen haben. Carlo Maria Vigano hat sehr präzise Ausführungen gemacht als ehemaliger Nuntius des Vatikans. Und er hat vor dem Corona-Ausschuss[52] *sehr wichtige Aussagen über die Kriegsziele der NATO gemacht.*

---

52 1. Künstliche Herbeiführung einer globalen Energiekrise, 2. Zerstörung des Mittelstands zugunsten der globalen Konzerne, 3. Vertuschung des Skandals um die US-finanzierten Bio-Labore, 4. Ablenkung der Öffentlichkeit von den tödlichen Auswirkungen der Covid-19-Spritze: Corona-Ausschuss-Sitzung vom 27.5.2022: https://2020news.de/erzbischof-vigano-im-corona-ausschuss/ // Corona-Ausschuss-Sitzung vom 3.6.2022: https://fassadenkratzer.wordpress.com/2022/06/04/uber-den-tiefen-staat-und-die-tiefe-kirche-erzbischof-vigano-erneut-im-corona-ausschuss/

Ideologische Basis

Ein weiterer Bereich zum Gesamt-Thema von heute. Da sagt einer: ‚Komm mir nicht mit Putin. Das ist doch selber ein Young Global Leader; der ist doch auch von Klaus Schwab ausgebildet worden!' – Dazu sollte man folgendes wissen:

Es gibt natürlich die Bilder, die zeigen, wie Herr Putin dem Ober-Globalisten bzw. Global-Faschisten die Hand schüttelt. Zum einen sind diese Bilder älter, und zum anderen – was ist wichtiger: Was man in der Biographie eines Menschen, auch von Wladimir Putin, alles finden kann? Oder das, was er für Fakten schafft? Die Fakten sind das Wichtige! Die Fakten hat er geschaffen! (Beifall)

Und jetzt reden wir noch über die ideologische Basis dessen, was da im Moment in der Ukraine stattfindet. Gibt es hier jemanden, der nicht weiß, welche Weltanschauung – und jetzt wiederhole ich das, was ich am 14. Mai 2022 in Hannover gesagt habe und weshalb man mich von der Bühne geholt hat[53] *– in der Ukraine den Ton angibt?*

Es ist eine ganz bestimmte: Dazu wenden wir uns Stepan Bandera zu. Schon vor dem Zweiten Weltkrieg gründete er (1929) in der Ukraine die „Organisation Unabhängiger Nationalisten" (OUN). Er kooperierte mit der Wehrmacht; auch mit dem ‚Pravy Sektor' und dem Swoboda-Flügel. Also, Ihr müsst Euch vorstellen, dieser Stepan Bandera hat einiges auf dem Kerbholz; ich will das hier nicht

53 Am 14.5.2022 wurde Dr. Daniel „Langhans festgenommen wegen Verdacht auf Verharmlosung der russischen Spezialoperation": https://www.youtube.com/watch? v=4E4YbZ0o5_o – Erste Schritte einer Aufarbeitung in Burgau am 19.5.2022: https://odysee.com/@doktorlanghans:6/220519_Burgau_DL:6 – In Burgau riet mir der Einsatzleiter der Polizei, gegen die Täter vom 14.5.2022 Anzeige zu erstatten.

vertiefen. Schaut es selber nach. Gebt seinen Namen[54] *am besten mal auf www.bitchute.com ein, und da findet Ihr die entsetzlichsten Dinge, die dieser Mann zu verantworten hat.*

Am 22. Januar 2010 – was hat der damalige ukrainische Präsident gemacht? Er hat ihm posthum, also nach seinem Tod, den Titel „Held der Ukraine" verliehen. Habt Ihr noch Fragen zum Charakter des ukrainischen Staates ...? Die damalige Ministerpräsidentin, Julia Timoschenko, sprach auch ihre Unterstützung aus. Es gibt Fotos der Ehefrauen von Kämpfern des Azow-Bataillons, wie sie vom Papst Franziskus empfangen werden. Von denselben Damen gibt es Bilder, auf denen sie sich mit Hitler-Gruß abbilden lassen ... Habt Ihr noch Fragen zum Charakter dieses Staates?

Für das Asow-Batallion kennzeichnend sind bestimmte Symbole – zum Beispiel die sog. „Wolfsangel", ein Nazi-Symbol, das einfach nur um 90 Grad gedreht ist. Dann gibt es die „Schwarze Sonne". Das ist auch ein nazistisches Symbol, das gleichzeitig okkultistischen Charakter hat. Was ich Sie gern fragen würde, Herr Oberbürgermeister. Nehmen wir an, hier würden – in der Sommer-Hitze – die Menschen mit freiem Oberkörper stehen. Und es käme ein Polizist vorbei, und er würde auf der Haut eines Mannes eintätowiert sehen:

Enbleme , die folgenden Inhalten zuzuordnen sind: Der SS-Division ‚Das Reich', der SS-Division ‚Totenkopf', der SS-Division ‚Prinz Eugen'; außerdem den sog. ‚Großdeutschen Adler', kombiniert mit dem ukrainischen Wappen. Nehmen wir einmal an, das alles wäre hier auf dem Platz zu sehen. Herr Oberbürgermeister, was würden die

---

54 Nur ein paar Beispiele: Bandera-Lieder in der Schule heute: https://www.bitchute.com/video/X5iSRocm9G7F/ // Strassen-Umfragen über Bandera heute: https://www.bitchute.com/video/YW3lATSyxqPc/ // „Der Bandera-Komplex - Der ukrainische Faschismus – Geschichte, Funktion, Netzwerke" (29.10.2023: https://rumble.com/v3v1djd--der-bandera-komplex-der-ukrainische-faschismus- geschichte-funktion-netzwer.html

Einsatzkräfte der Polizei sofort machen? – Sie würden diesen Typen festnehmen! Das würden sie machen! – Dort, in der Ukraine, wird Krieg geführt mit solchen Elementen! Gegen die Menschheit. (Beifall)

Und deshalb verlangen wir von Ihnen, Herr Oberbürgermeister, dass Sie sich für den Menschen einsetzen; dass Sie aufhören zu paktieren mit diesem Pack, was im Moment die Macht in den Händen hält. Wir wünschen uns, dass Sie auf die Seite der Menschheit kommen! Die Menschen werden es Ihnen danken. (Beifall) Und ich wiederhole: Das war nicht mal 1 Prozent von dem, was wir an Belegen und Beweisen haben und worüber es sich zu sprechen lohnt.

Mit dieser Veranstaltung hat die Demokratie-Bewegung in Ulm klar zu erkennen gegeben, dass sie nicht bereit ist, die Deutungshoheit über die Geschehnisse in einem anderen Land einfachhin an regionale Medien und kommunale Politiker abzugeben – Politiker, welche durch Aufhängen einer Fahne am Historischen Rathaus hinsichtlich der Ursachen dieses Krieges einseitig Stellung bezogen und damit einmal mehr unter Beweis stellten, dass sie „Vorgaben von oben" willfährig umsetzen. Es war eine Willenserklärung der Außerparlamentarischen Opposition – und vergleichbar den Initiativen der Demokratie-Bewegung 1989 in der „DDR". Und zum Ausdruck für den Anspruch, von der Politik gehört zu werden, war hier auf dem Ulmer Marktplatz der Oberbürgermeister persönlich angesprochen worden, auch wenn er selbst nicht zugegen war.

Nachbemerkung, aus aktuellem Anlass:
Aufgrund der zunehmend wahnsinnigen Entscheidungen der Bundes-„Regierung" befinden wir uns jetzt, im Frühsommer 2024, in der akuten Gefahr, als Deutsche zum dritten Mal in einen Krieg gegen Russland verwickelt zu werden. Wir können sicher sein, dass Hans und Sophie Scholl – sofern sie heute noch lebten – dagegen mahnend ihre Stimme erheben würden.

Kapitel 5

Heißer Sommer – der 15. Juli

Nun zum Sommer 2023. An dem 15. Juli, einem brütend-heißen Tag suchten die meisten Teilnehmer, deren Zahl in der lokalen Presse später von 500 auf 150 frech heruntergelogen wurde[55], Zuflucht im Schatten des Stadthauses und auch unter den Bäumen und Schirmen der umliegenden Restaurants. Dank der ausgezeichneten Beschallung waren die gesprochenen Worte auf dem gesamten Platz zu vernehmen. Gleich in meinem ersten Beitrag wurde der Kern des Problems angesprochen: Dass aktuell – auch in einer Stadt wie Ulm – nicht die Menschen über ihr Leben bestimmen dürfen, sondern dass sie mittels sog. „Vorgaben" beherrscht werden:

Wir alle spüren, dass mit uns Menschen etwas GEMACHT wird ... – worauf wir keinen Einfluss haben und worauf uns kein Einfluss gegeben werden soll, weil es angebliche ‚Vorgaben von oben' gebe, die nur umzusetzen seien. Und da sagen wir: Nein. Wir machen das nicht länger mit. Wir spüren, dass wir in eine Richtung gepresst werden sollen – und da sagen wir schlicht und einfach NEIN (lebhafter Beifall).

Und dann sagt jemand: ‚Es ist doch so, dass wir den Planeten retten müssen – für die künftigen Generationen ...! Und deshalb müssen wir das CO_2 unbedingt reduzieren; wir müssen verantwortlich mit dem ‚CO_2-Fussabdruck' umgehen!'

Ich frage Euch mal, wie es auch im Flyer steht, den wir vorab verteilt haben: Ist der Anteil des CO_2 an der Atmosphäre im Jahr 2023 höher als im Jahr 1890 – ja oder nein? (->‚Nein') Ich habe bei dieser

---

55 https://www.swp.de/lokales/ulm/querdenker-in-ulm-demo-am-samstag-laeuft-ins-leere-71190217.html

Frage auch ‚Nein' angekreuzt. Und wer es genau wissen möchte, der kann sich ‚Meyers Lexikon', Ausgabe 1890, anschauen. Und dort ist der Anteil des CO_2 an der Atmosphäre mit 0,04 Prozent angegeben.

Und da hat es noch keine Autos gegeben, in dem Umfang wie wir es jetzt haben. ... Und dennoch ist der Anteil des CO_2 jetzt nicht höher. – Und deshalb sagen wir, das ist so verdächtig – dass uns hier etwas Falsches verkauft wurde, und zwar schon seit Jahren, seit Jahrzehnten, dass wir erkannt haben, dass wir belogen worden sind.

Erinnert ihr euch noch an Herrn Colin Powell? Der der Welt ein Röhrchen mit weißem Puder gezeigt hat. Und er wollte damit beweisen, dass es einen ganz, ganz bösen Diktator gibt, der sein Volk unterdrückt, und den man jetzt so schnell wie möglich wegbomben müsse. Und er habe auch Atomwaffen entwickelt, und man habe einen waschechten irakischen Chemie-Ingenieur gefunden, der das bestätigt habe (aus dem Publikum: ‚Lüge!')

Genau richtig. Es war eine dreckige Lüge. Und wie viele Menschen sind bei diesem Krieg, der auf dieser Lüge aufgebaut wurde, ums Leben gekommen ...? Wir reden von einer Million Menschen! Und dann gab es noch eine Außenministerin namens Albright, die in einem Interview gefragt wurde: Es seien ja durch diese NATO-Bombardements 500.000 irakische Kinder gestorben – ob es das denn wert gewesen sei? Und die Antwort von dieser Frau Albright war ‚Ja'. (Buh-Rufe im Publikum)

Und das ist ja nur ein Beispiel. Wir Menschen haben erkannt, dass wir genauer hinschauen müssen. Ein Autor hat im Jahr 1951 bereits gesagt: ‚Nichts ist wirklichkeitsferner als der Begriff eines mit Notwendigkeit verlaufenden Geschichtsprozesses. Hinter ihm steht keine Erkenntnis, sondern ein Wille.'[56]

---

56 Romano Guardini, Die Macht. Versuch einer Wegweisung (Würzburg 1951), S. 103

Was meint dieser Autor, er heißt Romano Guardini, damit? Er konnte sicherlich nicht alles überblicken, was wir inzwischen wissen über die Hintergründe der Macht. Aber er hat gespürt, dass ein Wille am Werk war. Und dazu, was uns immer verkündet wurde – ‚das ist Fortschritt und das ist Fortschritt und das ist Fortschritt, und wenn du mit der Zeit gehen willst, dann musst du das und das und das auch noch mitmachen!' – hat er schon vor mehr als 70 Jahren gespürt: ‚Hier will jemand etwas!'

Und diesen ‚Jemand' haben wir inzwischen genauer lokalisiert und identifiziert. Ich hatte gerade ein Interview mit einem unabhängigen Journalisten, und da wurde ich gefragt: ‚Wer sind denn die Strippenzieher?' Und ich habe geantwortet: ‚Genau das, was auf der Einladung zu dieser Kundgebung steht: Auf der Vorderseite sieht man ein Fass – und dieses Fass quillt über: NATO, WHO, World Economic Forum – es sind globale Institutionen, die niemand von uns gewählt hat; denen niemand von uns ein Mandat übertragen hat. Und deshalb fordern wir: Das wollen wir nicht mehr!' (lebhafter Beifall, Sirene).

Ich bin Daniel Langhans und leite das Team Profiakquise. Vielleicht habt ihr euch gewundert über das Logo hier vorn. Das ist ganz einfach: Diese meine Firma hat das gesamte Engagement des angestellten Geschäftsführers in den letzten drei Jahren buchstäblich gesponsort. Dafür hat sie verdient, dass sie auch einmal öffentlich erwähnt wird. Und Ihr möglichen Kunden: Ja, ihr dürft mich auch gern anrufen, wenn es um geschäftliche Themen geht. Das muss erlaubt sein, wenn wir wissen, dass der Geschäftsführer seit drei Jahren kaum noch etwas anderes macht als auf der Straße zu den Menschen reden und sie ermutigen und ihnen Informationen zu geben, dass sie auch andere Menschen stärken können (lebhafter Beifall).

Und derselbe Geschäftsführer hat schon im Jahr 2016 gemerkt, dass hier etwas nicht stimmt. Und da hat er eine hohe geistliche

Autorität der Stadt Ulm angesprochen: Den Leiter der hiesigen jüdischen Gemeinde. Und er hat ihn gefragt, ob er als Rabbiner – mit einer Muslimin und einem Christen zusammen – eine über-religiöse Veranstaltung durchführen will. Das wurde dann auch gemacht, es waren 90 Unternehmer dort – in der Synagoge.

Allein die Tatsache, dass diese Veranstaltung in der Synagoge stattfinden konnte, im Januar 2017, war ein historischer Markstein. Und mit dem Rabbiner zusammen waren wir uns einig, dass wir als Menschen, damit wir miteinander leben können, bestimmte Grundwerte brauchen. Aber sicher nicht die angeblichen ‚Grundwerte', die uns durch ein World Economic Forum, durch eine UN, durch eine EU-Kommission (die auch niemand gewählt hat!) vorgegeben werden. WIR sind die, die über unser Leben, über unsere Werte selbst bestimmen. (lebhafter, anhaltender Beifall, Sirene)

Wir haben die Veranstaltung in der Synagoge aufgenommen. Doch heute findet man diese nicht mehr auf der Webseite von www.profi-akquise.de ! Denn wenn du auf einer Webseite Videos platzierst und der zugrunde liegende Youtube-Kanal wird gelöscht (!), dann erscheint das Video nicht mehr auf der Webseite. So einfach ist die Welt.

Ich habe Anfang 2020 meinen Youtube-Kanal dafür genutzt, um das weiterzugeben, was über die Mainstream-Medien nicht weitergegeben werden durfte. Oder hat jemand jemals einen unabhängigen Arzt, einen unabhängigen Virologen – wie Herrn Professor Sucharit Bhakdi oder Herrn Dr. Bodo Schiffmann, einen Beifall für diese beiden! – hat jemand einmal ein ARD- oder RTL- oder ZDF-Interview gesehen, wo auch nur einer dieser tausend (ach, es sind weltweit inzwischen mehr als tausend, die eine alternative Sichtweise zu diesem „C"-Skandal vertreten) zu Wort gekommen wäre? Niemals konnte man sie hören, nur einige wenige Youtube-Kanäle haben es weitergeleitet. Und als sich das herumsprach, da hatte mein Kanal bald 20.000 Abonnenten. Und in der Nacht vom 12.

auf den 13. Juni 2020 wurde mein Kanal bei Youtube gelöscht! (Buh-Rufe, Pfiffe)

Kurze Zeit später gab es eine Kundgebung in Stuttgart, und da hat jemand ein Banner geschrieben: ‚Wer Videos löscht, löscht auch Menschen'. Das ist die Haltung, die dahinter steht.

Also, dieser Kanal ist gelöscht. Aber, Ihr Youtube- und Google-Beobachter, die Ihr auch das Video hier auswertet: Ich habe das nicht aufgegeben. Und ich erwarte, dass rechtsstaatliche Bedingungen vollständig wiederhergestellt werden und dass Ihr dann gezwungen werdet, meinen Kanal wiederherzustellen – so dass auch das Video mit dem Rabbiner wieder auf meiner Webseite stehen wird! Das erwarte ich, ich vertraue dem Rechtsstaat Deutschland .(lebhafter, anhaltender Beifall)

Die Wähler müssen gefragt werden – das ist unsere Hauptforderung. Das betrifft zum Beispiel eine solche Entscheidung wie, wie Atomkraftwerke abzuschalten. Welchen Sinn macht es, dass unter Angela Merkel eine solche Entscheidung getroffen wurde, und jetzt sind wir auf Atomstrom aus anderen Ländern angewiesen – zahlen den x-fach teurer, als wenn wir ihn selbst produzieren würden! Das ist eine einzige Enteignung, die hier stattfindet – und wir sagen: ‚Schluss damit!' (Beifall)

Wie viel mittelständische Unternehmen mussten allein in den letzten drei Jahren aufgeben – aufgrund einer Industrie- und Wirtschaftspolitik, die die kleinen Unternehmer immer mehr an den Rand des Ruins gebracht hat. Und man kann es nur noch mit einem Wort zusammenfassen, was der Herr Habeck hier veranstaltet: Es handelt sich um die DE-INDUSTRIALISIERUNG Deutschlands, und wir wollen das nicht, wir sagen: Schluss damit! (Beifall)

Dann geht Frau Baerbock nach Südafrika, und gemeldet wird von der ARD, sie habe 1,1 Millionen Euro für die dortige Stromversorgung zugesagt, aber jetzt ‚fließen nur 400 Millionen Euro'. Frau Baerbock,

was verschenken sie das Geld der Deutschen, das die Menschen, die hier leben, viel dringender brauchen? (Beifall)
Und sie versteigen sich zu einem sog. ‚Heizungsgesetz', wollen uns zwingen, ihre ‚Klima'-Ideologie anzunehmen, und dann scheitern sie glücklicherweise im ersten Schritt vor dem Bundesverfassungsgericht. Plötzlich aber gilt das Gesetz als nur ‚aufgeschoben'. Aber wir werden genau hinschauen, und wir werden solange auf der Straße bleiben, bis Sie diesen Unsinn endlich bleiben lassen! (Beifall)

Was die Spatzen von den Dächern pfeifen: Da wurde im sog. ‚Lastenausgleichsgesetz' eine Ergänzung vorgenommen: Dass auch die Lasten, die entstehen in Deutschland, dadurch dass Menschen ‚Impf'-Schäden davontragen, gerecht verteilt werden sollen. Wisst ihr, was das merkwürdige daran ist: Dass diese Ergänzung im LAG exakt im Herbst 2019 vorgenommen wurde – also ein halbes Jahr, bevor der sog. ‚Killervirus' überhaupt das Licht der Welt erblickt hat. Das stinkt von hier bis Honolulu! (Beifall)

Ich beanspruche den Rechtsstaat für alle Menschen, die hier leben. Und ich gehöre nicht zu denen, die nach einem Urteil oder zehn oder 100 Urteilen, die definitiv nicht vereinbar sind mit Geist und Buchstaben unseres Grundgesetzes, laut schreien ‚jetzt leben wir nicht mehr in einem Rechtsstaat!' – Nein, den Gefallen werden wir euch nicht tun. Wir erwarten, dass der Rechtsstaat hier gilt, und wir werden damit niemals aufhören! (Beifall)

In dem Zusammenhang muss ein Skandal angesprochen werden: dass hier in Deutschland die Staatsanwälte politischen Weisungen unterliegen. Das ist sogar vom höchsten Europäischen Gericht festgestellt worden. Und wir sagen, solche Zustände haben mit Gewaltenteilung nichts zu tun. Wir wollen die Unabhängigkeit der Justiz von der Politik. Das geht die Politiker nichts an, was die Richter in den Gerichtssälen – in Übereinstimmung mit unserem Grundgesetz – für Entscheidungen treffen. (Beifall)

Auch die Einflussnahme auf die Verwaltung, durch die Politiker, ist hier zu nennen. Wenn es zum Beispiel heißt ‚Sieh mal zu, dass das da nicht ausufert auf dem Münsterplatz! Versuch` sie mal von der Zahl her zu beschränken. Vielleicht kriegst du sie ja dazu, dass die auf den Marktplatz gehen! Schick mal `nen Auflagenbescheid raus, der besagt, dass im Münster noch Hochzeiten stattfinden und dass die Brautpaare nicht gestört werden dürfen!' – Hier, auf dem Münsterplatz ... haben schon unglaublich viele Veranstaltungen stattgefunden, und nie war es ein Problem, dass Brautpaare, die sowieso einen eigenen Eingang haben, gleichzeitig ihre Feierlichkeiten durchführen können. (anhaltender Beifall)

Was wir auch anstreben, sind wirklich freie und unabhängige Medien. Und der sog.

„Digital Services Act" der EU-Kommission – nochmal: das ist eine Top-Down-Veranstaltung, die niemand gewählt hat: Die EU-Kommission ist keine demokratisch legitimierte Organisation, und wir lassen uns von denen nichts sagen! (Beifall) – (darf nicht umgesetzt werden)!

Und wenn es noch so viele ‚Klima'schutz-Vorgaben gibt, die von Bayern, Baden-Württemberg, von der EU oder wem auch immer vorgegeben werden: Wir sind die Bürger, und wir lassen uns nicht von oben dominieren, und wir lassen uns keine Diktate auferlegen! (Beifall)

Dieser Beitrag und was sonst noch von den vielen qualifizierten Rednern bei der Kundgebung thematisiert worden war, wurde in der lokalen Presse völlig ignoriert[57]. Was nicht in das verordnete

57 Es würde den Rahmen dieser Schrift sprengen, hier im einzelnen auf die Inhalte der Reden einzugehen. Stattdessen sei verwiesen auf den Kanal „Doktor Langhans" bei ODYSEE: https://odysee.com/@doktorlanghans:6?view=content

Bild passt, lässt man in der Redaktionsbesprechung „unter den Tisch fallen“ oder es wird – wenn es sich nicht ignorieren lässt – bis zur Unkenntlichkeit verzeichnet. Auf die verschiedenen Manipulations-Techniken, die den Medien des gesprochenen oder geschriebenen Wortes zur Verfügung stehen[58], werden wir noch ausführlich zu sprechen kommen.

Umso wichtiger erscheint es, wenn es – auch für die zeitgeschichtliche Dokumentation – konzern-unabhängige Medien gibt. Seit Juli 2008 habe ich als Unternehmer die 4-Seiten-Zeitschrift „Das freie Wort“ herausgegeben.[59] Darin wurde die Veranstaltung vom 15. Juli wie folgt resümiert[60]:

Unter dem Leitwort „jetzt reicht`s – Demokratie statt Diktate“ gab es am dritten Juli-Samstag in Ulm eine öffentliche Protest-Aktion. Am Vormittag standen über 100 Menschen mit Schildern in der Bahnhofstraße, am frühen Nachmittag waren es dann um die 500, die sich, von Trommeln begleitet, auf den Weg durch die Innenstadt machten. Als Erfolg sahen die Veranstalter, die Unternehmerin für die Profi-Pflege, Katharina Jansen sowie Marcel Dold von „Kinder stehen auf“, dass trotz brütender Hitze so viele gekommen waren.

„Wer zur Politik schweigt, stimmt zu“, „Nein zum Krieg, Ja zum Frieden“, „Nur die Diktatur braucht Zensur“, „NEIN zur Verarmung“, „Ohne CO_2 gäbe es keine Photosynthese und somit kein Leben auf der Erde“, „Frieden beginnt im eigenen Herzen“, „Stoppt Frühsexualisierung von Kindern“, „Wie lange willst DU noch schweigen?“ – war zu lesen auf den Schildern der Bürger, die friedlich entlang der

58 Holger Schmitt, Von „Rechtsextremisten“ und „Verschwörungsideologen“ (Uhingen 2024)

59 Alle Ausgaben des 4-Seiten-Magazins „Das freie Wort“ werden dokumentiert unter www.profi-akquise.de

60 „Das freie Wort 6“ (Ulm, Juli 2023)

Bahnhofstraße standen. Passanten blieben mitunter stehen und suchten den Dialog, auch gab es zustimmende Blicke und Gesten.

Schilder-Aktion und Aufzug durch die Stadt könnten insgesamt mehr als 1000 Menschen erreicht haben, die in der Stadt unterwegs waren oder aus ihren Fenstern schauten und von dem Protestzug nicht selten sogar Handy-Videos anfertigten. „Mehrheitlich haben die Menschen mit Zurückhaltung reagiert", sagte Dold, „es gab auch viele, die unser Winken freundlich oder gar begeistert erwidert haben".

Als einer der ersten Redner hatte Dr. Christina Baum das Wort. Die Bundestagsabgeordnete sprach an, dass hinter den teilweise schon umgesetzten Maßnahmen, wie „Klimaschutz", „15-Minuten-Städte" oder Sozial-Kredit-System, eine „große Agenda" stehe. Dabei nähmen die Medien „eine Schlüsselrolle" ein. Spontan brandete Beifall auf, als sie kritisierte, dass die Kinder durch die Gender-Ideologie misshandelt werden: „Sie sollen nicht mehr wissen, ob sie Männlein oder Weiblein sind." Frau Baum setzte Begriffe aus der Totalitarismus-Forschung ein, indem sie etwa die „Gleichschaltung" durch internationale NGOs ansprach und dadurch das derzeitige Global-Regime mit totalitären Staaten der Geschichte auf eine Stufe setzte. Sie warnte: „Jede Unfreiheit des Menschen beginnt mit dem Verlust der Meinungsfreiheit".

Und in der Tat war erst vor Jahresfrist der Ulmer Kommunikationstrainer Dr. Daniel Langhans in Hannover daran gehindert worden[61]*, seine Meinung über den Ukraine-Konflikt gemäß Art. 5 GG „frei zu äußern und zu verbreiten". Am 14. Mai 2022 hatte er den – auch in öffentlich-rechtlichen Medien berichteten – nationalsozialistischen Hintergrund sowohl des 2014er-Putschs als auch der*

---

61 https://www.bitchute.com/video/d0l92yZBuNyb/ // https://odysee.com/@doktorlanghans:6/220514_Hannover_Zensur_Eli:8 // https://odysee.com/@doktorlanghans:6/220514_Hannover_Zensur_Wolle:f //

aktuellen Regierung in der Ukraine unverblümt angesprochen und die sofortige Einstellung jeder Kooperation mit dem Ukro-Regime gefordert. Sein Strafantrag gegen die Einsatzkräfte, die ihn am 14. Mai 2022 von der Bühne abgeführt hatten, war nach wenigen Monaten niedergeschlagen und – umgekehrt – gegen ihn ein Strafbefehl erlassen worden. Medien aus der Ulmer Region hatten über dieses Verfahren berichtet, ohne zu erwähnen, dass bislang nicht einmal ein rechtskräftiges Urteil vorliegt. In seinem Beitrag am Samstag griff Langhans den bevorstehenden „Digital Services Act" (DSA) auf EU-Ebene auf, mit dem BigTech-Konzerne (Youtube, facebook) zur Zensur verpflichtet werden; unter Beifall rief er aus: „Die EU-Kommission ist keine demokratisch gewählte Institution, und wir lassen uns von denen nichts sagen!"

Rechtsanwalt Edgar Krein erinnerte daran, dass Maßnahmen von den Politikern zuerst als „alternativlos" verkauft und am Ende gleichwohl als „Schwachsinn" abgetan wurden, wie auch der Evaluationsbericht der Bundesregierung Ende 2022 gezeigt habe: „Was die letzten drei Jahre passiert ist, war grob übergriffig und gehört ordentlich – auch strafrechtlich – aufgearbeitet." An eine „private Organisation wie die WHO" die Grundrechte der Bürger zu übertragen, sei mit dem Grundgesetz nicht vereinbar. „Was sich als Diktatur am Horizont abzeichnet, ist eine Katastrophe – eine Versklavung der Menschheit!" Die Medien seien zu „Propagandamaschinen" degeneriert, mit dem Mittel der „Lüge", die „in der Politik inzwischen omnipräsent" sei.

Dr. Heinrich Fiechtner, bis 2021 Landtagsabgeordneter, bezeichnete die WHO als „genauso korrupt wie die UN". „Für meine Gesundheit bin ich allein zuständig", sagte er; eine „Volksgesundheit" gebe es nicht – wie es auch im NS-Staat eine solche nie gegeben habe. Leidenschaftlich rief er aus: „Wollt Ihr wirklich in diesem erbärmlichen Abhängigkeitszustand Euer Leben fristen …?"

„Mir reicht`s schon lang!", begann Carina Gehring ihren feurigen Beitrag. Als Mitglied der Neu-Ulmer Landkreis-Initiative „UNTERNEHMER_aktiv" kritisierte sie, dass viele Rentner gezwungen werden, Flaschen zu sammeln – obwohl wir „für jeden Scheiß Steuer zahlen". Deutschland habe sich aus dem Ukraine-Krieg herauszuhalten. Zur Beseitigung der Korruption äußerte sie den konkreten Vorschlag: „Politiker sollten mit ihrem Privatvermögen haften".

Katharina Jansen berichtete von ihren Erfahrungen als Unternehmerin in der freien Pflege: „Was in den Seniorenheimen abläuft – es ist schrecklich!" Die Fachlichkeit bleibe auf der Strecke, ebenso die Menschlichkeit; vielerorts gehe es nur um`s Abkassieren. Ein Heimplatz in Pflegestufe 5 für 4500 EUR müsse überwiegend von den Senioren selbst bezahlt werden. Pflegeheime würden geschlossen – nicht selten zu dem Zweck, um Platz für Migranten zu schaffen. „Wie krank ist dieses System! Wir werden einfach nur vernichtet."

Auch ein Podiumsgespräch gab es, über konkrete Hilfen für die vielen Menschen, die nach der C-Spritze bleibende Schäden davongetragen haben, und eine kraftvolle Abschluss-Rede von Waldemar Gille (Braunschweig).

Kapitel 6

Heißer Sommer – der 19. August

Ermutigt durch diesen Erfolg wurde in der Ulmer Wahrheitsbewegung bald schon ein neues „jetzt-reicht`s“-Projekt ins Auge gefasst – für den 19. August, ebenfalls am Münsterplatz. Dazu wurde erneut ein Flyer gedruckt und das 4-Seiten-Magazin „Das freie Wort 6“ in einer Auflage von 20.000 Stück in der Ulmer Region an die Haushalte verteilt:

Münsterplatz Ulm
Samstag 19.08.2023
15.00 Uhr

Ulm ist die Stadt von
Hans und Sophie Scholl...

	Ja	Nein
Ist es grundgesetzwidrig, wenn Politiker wegen eines angeblich menschengemachten „Klimawandels“ die Bürger enteignen...? https://www.kla.tv/6465 // https://www.kla.tv/2[illegible]609		
Wird das Wetter manipuliert, um uns vor einem angeblich menschengemachten „Klimawandel“ gezielt Angst zu machen ...? https://www.youtube.com/watch?v=EMfTXgJH2Fc (ZDF 2013) https://www.bitchute.com/video/SDmnilcEkMhF/ (ARD 2017)		
Wenn internationale Organisationen mit einer „Agenda 2030“ den Staaten sog. „Vorgaben“ machen - ist das Diktatur ...? https://www.bitchute.com/video/aoJzsTB0f34[illegible]/		
Ist es wie bei Orwells „1984“, wenn die EU-Kommission Social-Media-Plattformen zum Löschen von Inhalten verpflichtet...? https://www.youtube.com/watch?v=vZMna_-c[illegible]YM / wenn es schon gelöscht ist: https://www.bitchute.com/video/[illegible]pbIVQoIE5tl/		
Kann man in Deutschland seine Meinung über aktuelle Ereignisse wie den Ukraine-Konflikt „frei... äußern“? (Art.5 GG) https://www.wochenblick.at/schlagzeile/ukraine-kritik-verboten-demo-redner-in-hannover-von-polizei-abgefuehrt/		
Darf die Massenmigration von „Menschen ohne Bleibe-Perspektive“ berechtigte „Beunruhigung und Irritation“ bewirken? https://www.youtube.com/watch?v=bbJgdHZ[illegible]Jg (min.26-27)		
Ist es totalitärer Missbrauch der Justiz, wenn ein Arzt eingesperrt wird, weil er auf sein Gewissen gehört hat? https://netzwerkkrista.de/2023/07/20/das-skandal-urteil/		

Wer mehr als 3 dieser Fragen zutreffend beantwortet, ist zum 2.Aktionstag am 19.8.2023 in Ulm herzlich eingeladen.
V.i.S.d.P. www.profi-akquise.de
Eindrücke und Ausschnitte vom 1.Aktionstag am 15.7.2023: https://www.youtube.com/@dokt[illegible]langhans6538/videos

Grundidee war, zu jeder der gestellten Fragen die Leser anzuregen, selbst zu recherchieren – und also über die in den Mainstream-Medien vermittelten und insofern „gängigen“ Sichtweisen hinauszugehen. Die Zielsetzung bestand darin, den totalitären Charakter jener Strukturen, die im Land des Bonner Grundgesetzes eingezogen werden sollen, deutlich zu machen. Auch für diese Kundgebung waren wieder qualifizierte Mitwirkende gewonnen worden, so u. a. die singende Ärztin Perin Dinekli.[62]

An mehr als 500 Unternehmer und Einzelhändler in der Region wurde dieser Brief persönlich übersandt bzw. direkt übergeben:

(Leitwort:) Das Denkmal für die Weiße Rose am Münsterplatz in Ulm soll daran erinnern, ‚wie wichtig es ist, gerade auch heute nicht wegzusehen, wenn Unrecht geschieht, Courage zu zeigen und nicht zu schweigen.‘[63] (Alt-OB Ivo Gönner)

Liebe Geschäftspartner,
Menschen wollen in Ruhe leben; Unternehmen erfolgreich wirtschaften. Mit anderen Unternehmern (wir-stehen-zusammen.com; unternehmerkreis.org) frage auch ich mich schon länger, was hier im Land eigentlich vor sich geht; hier nur einige Beispiele:

- *Gender-Agenda, WHO-Pandemievertrag, EU-Zensur-Gesetz (DSA), digitale Kontrolle, Massen-Migration: wer von uns hat die NGOs zu dieser Art „Transformation“ ermächtigt ...?*
- *Wenn ein Unternehmen, weil die Kosten hier zu hoch sind, ins Ausland abwandert und dort weiter produziert – wie hoch dann ist das sog. „eingesparte CO_2“?*

62 https://odysee.com/@doktorlanghans:6/jetzt-reicht-s-am-19.august-ab-13.30-uhr:4 // https://youtu.be/RPcaBDJycy4 // https://perindinekli.net/portrait

63 Anmerkung im Original: https://www.schwaebische.de/regional/ulm-alb-donau/ulm/auf-den-spuren-der- geschwister-scholl-in-ulm-300989

– *Was für eine demokratische Legitimation*[64] *haben überhaupt die sog. „Klima-Ziele"?*

Mit anderen Unternehmern und Freunden habe ich 2021 in Ulm einen Mittelstands-Tag[65] *und am 15. Juli 2023 die Initiative „jetzt reicht`s" durchgeführt. Unsere Gespräche im Einzelhandel haben gezeigt: Viele haben die Nase gestrichen voll – jetzt reicht`s wirklich.*

Dann war der 19. August gekommen; Schon wieder ein Tag in schier unerträglicher Hitze. Die Teilnehmer schätzten wir auf etwa 200 – zuzüglich all der Zuhörer in den Cafés rund um die Versammlungsfläche. In meinem Beitrag auf dem Münsterplatz[66] wählte ich als Schwerpunkt die sog. „Klima"-Politik, mit der die Enteignung der Menschen vorangetrieben werden soll:

Ich freue mich, dass Ihr alle da seid. Wir werden heute wieder ein Zeichen setzen. Die Menschen haben die Nase gestrichen voll; sie wollen endlich in Frieden leben (Beifall). Und das sagen wir auch an alle, die uns jetzt zufällig zuhören: Nein, es geht heute nicht um Gesundheit oder um irgendwelche Schutz-Maßnahmen. Es geht heute um die Freiheit und den Frieden und das Leben jedes einzelnen Menschen! (Beifall)

Ihr Lieben, die Ihr im Schatten sitzt: Damit Ihr wisst, warum so viele Menschen jetzt auf den Platz gekommen sind: Sie, die

---

64 Die sog. Klimakrise „ist keinesfalls eine Legitimation für jene, die sich im Namen des Überlebens der Menschheit selbst generalbevollmächtigen und über die Demokratie erheben wollen." (Bernd Ulrich): https://www.zeit.de/politik/deutschland/2019-10/klimaschutz-klimapaket-oekologie-groko- demokratie-bundesregierung/komplettansicht

65 Mittelstands-Tag in Ulm am 27.3.21 (ab min.1.55.00): https://www.youtube.com/watch?v=6xX2f3V8lWI

66 https://youtu.be/UKLa2I6O9WQ // https://odysee.com/@doktor langhans:6/19-08-2023,-ulm,-dr.-langhans-und-es:e

Menschen, die jetzt einmal über den Ring gelaufen sind, haben damit der ganzen Welt, aber speziell der Ulmer Region gezeigt, dass die Menschen noch hier sind und eine Stimme haben – auch wenn diese Stimme der Menschen ignoriert wird.

Ich frage euch alle: Wollt Ihr, dass Eure Nachrichten, die Ihr über das Internet austauscht, von irgendwelchen Leuten ... gelesen und überprüft werden und dann gelöscht werden? Wollt Ihr das? (Nein ..., Pfiffe) Wollt Ihr, dass es ein Ministerium der EU gibt, das die Nachrichten, das Denken und die Äußerungen aller Menschen kontrolliert? Wollt Ihr das? (Nein ..., Pfiffe)

Wollt ihr, dass es eine Behörde gibt in Europa oder in der Welt, die den Regierungen sagt, wann die Regierungen ihre Bevölkerung einsperren sollen. Wollt Ihr das? Dann wisst Ihr jetzt, warum wir hier sind. Wir sind hier, damit Ihr alle morgen noch eine Demokratie und einen Rechtsstaat genießen könnt; damit morgen noch Eure Kinder in der Schule lernen dürfen, was Ihr für richtig haltet – denn Eure Kinder und Enkel darf niemand indoktrinieren. Niemand darf Euch vorschreiben, was Eure Kinder und Enkel in der Schule lernen sollen. Ihr seid die Eltern und Großeltern, und Ihr legt fest, was eure Kinder lernen. Das ist die Realität! (Beifall)

Ich bin Daniel Langhans, Unternehmer in der Region Ulm. Seit 1999 betreibe ich hier meine Unternehmen. Und es war schon vor mehr als zehn Jahren, da gab es – wieder mal im März – einen sog. ‚Unternehmertag'; eine Veranstaltung, an der jedes Jahr – seit 1999 – etwa 2000 Menschen teilnehmen. Dort stellen sich die Firmen der Region dar. Und vor mehr als 10 Jahren gab es dort. zum ersten Mal das Rahmenthema ‚Klima'. Und da hieß es, der Unternehmertag finde zum ersten Mal ‚klimaneutral' statt. (Lachen im Publikum)

Und dann hieß es, wenn man die Kilometer, die man zurücklegt, um zu diesem Tagungsort zu kommen, verrechnet mit der ‚Spende' für bestimmte internationale Projekte, dann hat man da-

durch das ‚Klima' geschont – weil ja die Projekte der Schonung des ‚Klimas' dienen und damit der Welt. Und das sei ‚Klimaneutralität'. So war das. Woran erinnert uns das? Ich frage speziell die gläubigen Menschen: Woran erinnert es, wenn Du für ein – angebliches – Vergehen Geld bezahlen sollst und damit Dein angebliches Vergehen plötzlich in Luft aufgelöst wird? Woran erinnert sowas? Bitte mal um Zuruf (...). – Das war der ‚Ablass-Handel'.

In der Sonne eines solchen Hauses (weist auf das Ulmer Münster) dürfen wir mal auf Martin Luther zu sprechen kommen. Er hat klar gemacht: Dieser Handel, dass das Fehlverhalten der Menschen aufgerechnet wird mit Geld, und das Geld steckt sich jemand ein – das ist ein Sch...dreck ...! Und damit muss die Kirche aufhören. (Beifall)

Und wir zitieren jetzt – sinngemäß – Martin Luther: Alle solche Projekte, wo den Menschen gesagt wird: Zahlt uns Geld – und dann ist das, was Ihr an Kohlenstoffdioxid verursacht habt, und sei es durch das Ausatmen Eurer Kinder oder durch das Furzen Eurer Rinder, dann ist all das in Luft aufgelöst, weil es ja ‚Klima'-Schutzprojekten zugute kommt ... – wir sagen im Namen von Martin Luther: ‚Schluss mit diesem Sch...dreck!' (anhaltender Beifall) ...

Das ‚Klima' ist ein Begriff, der nur schwer zu definieren ist. Da gibt es sog. ‚Klima'-Wissenschaftler, und ‚Klima'-Wissenschaftler ist ein nicht geschützter Beruf. Da kannst Du Dich, wenn Du Dir ein paar Webseiten durchliest und dann redest Du bei einer Demo über das ‚Klima', ‚Klima'-Wissenschaftler nennen, oder ‚Klima'-Experte. Es handelt sich um Leute, die sich mit einem Thema beschäftigen. Nur, ob die Menschen ihnen dann auch Folge leisten – das steht auf einem ganz anderen Blatt.

Und damit kommen wir zu dem Anlass für diese Kundgebung, die heute zum zweiten Mal stattfindet. Warum steigen wir unter diesem Thema ein? Am 17. April 2023 hat die Stadt Neu-Ulm eingeladen zu einer öffentlichen Versammlung, und es kamen etwa 60 Menschen.

Dort sprach einer dieser ‚Klima'-Experten ... Und wisst ihr, was er uns gezeigt hat mit seinen Folien? Modelle ...
Wenn ich jetzt sage, also Modell 1: Morgen haben wir 5 % mehr Luftfeuchtigkeit, Modell 2: Morgen 10 % mehr ..., Modell 3: Morgen haben wir 0,5 % mehr Luftfeuchtigkeit – dann sind das drei Modelle, richtig? Und ich kann aus jeder dieser Annahmen bestimmte Schlussfolgerungen ableiten. Um nichts anderes als ein solches Denken handelt es sich – bei allem, was wir über ‚Klima' gesagt bekommen. Es handelt sich um Berechnungen – die niemand auf die Wirklichkeit hin überprüfen kann; weil es Modelle sind!

Und da wurde – am 17. April – diskutiert, was man denn zur Reduktion des CO_2 tun kann ... Das müsse unbedingt reduziert werden, weil – so lautet das Dogma – das CO_2 dazu führe, dass die Erde sich erwärmt, und das mache den Planeten kaputt. Das ist das Narrativ. Und dann sprachen bei der Versammlung einige, die das in Frage gestellt haben. Was passierte im Raum? Könnt Ihr euch das vorstellen? Im Raum wurde es unruhig, weil die Jünger, die sich da versammelt hatten, ihr Narrativ in Gefahr sahen. Und trotzdem haben diejenigen, die das regierungsoffizielle Narrativ in Frage gestellt haben, sich nicht einschüchtern lassen.

Und dann meldete sich einer, der sagte[67]: Es sei ja so, dass das Narrativ von der Klima-Veränderung immer begründet werde mit sog. Starkwetter-Ereignissen. Und da könne man ja mal die Frage stellen, ob es eventuell umgekehrt sei: Dass also nicht die Starkwetterereignisse ein Beweis für den ‚menschengemachten Klimawandel' sind; sondern dass die Starkwetterereignisse durch Manipulation des Wetters ganz gezielt herbeigeführt werden ... (Beifall)

---

67 https://youtu.be/kfykIz8Gbt0 // https://odysee.com/@doktorlanghans:6/17-04-2023,-neu-ulm-merkmal-eines:e

Merkt Ihr, auch Ihr auf der anderen Seite des Platzes? Jetzt klatschen schon einige – obwohl ich nur berichtet habe, was auf dieser Versammlung gesagt wurde. Ich wiederhole das nochmal für alle: Es wurde die Frage gestellt – und Fragen darf man stellen, oder? Könnte es also sein, dass das Wetter gezielt beeinflusst wird, um Starkwetterereignisse zu produzieren, die man dann wiederum den Menschen als „Beweis" für den ‚menschengemachten Klimawandel' darstellen kann? („Ja" ...)

Erstmal geht es darum, dass wir das in uns reinlassen – als Frage. Und wisst Ihr, was passiert ist? Ich darf ja sagen, wer es war: Es war die auch von mir geschätzte Oberbürgermeisterin von Neu-Ulm, die dann sagte: ‚Aber wissen sie, wir machen es trotzdem' ... – Gemeint war: wir setzen unser ‚Klima'-Schutzkonzept trotzdem fort, das auf die Minimierung des CO_2-Ausstosses, auf die sog. ‚Dekarbonisierung' gerichtet ist.

Es steckt dahinter, dass die Kommunalpolitiker sich nach dem richten, was das sog. ‚Klima'-Schutzkonzept des jeweiligen Landes, also Bayern bzw. Baden-Württemberg vorschreibt. Und im ‚Klima'-Schutzkonzept der Länder steht das drin, was das ‚Klima'-Schutzkonzept der Bundesregierung vorschreibt! Und was hat das ‚Klima'-Schutzkonzept der Bundesregierung für Vorgaben? Das, was internationale Organisationen – also speziell die EU-Kommission – vorschreiben. Und jetzt frage ich, und die Frage haben wir dort in der Versammlung auch gestellt: Ist das, wenn von oben nach unten regiert wird, eine Demokratie – oder handelt es sich um eine Diktatur ...? („Diktatur" ..., zustimmendes Nicken von vorbeikommenden Passanten)

Und jetzt wisst Ihr, warum wir auf der Straße stehen: Es handelt sich um eine Diktatur! Und all die Menschen, die Freitag für Freitag – oder in Heidenheim montags oder in Memmingen donnerstags oder in Illertissen Sonntag-nachmittags – auf die Straße gehen, sind die Helden der kommenden Zeit, denn sie beschützen uns alle vor dieser

Diktatur! (Beifall) – Und ich sage das ganz gezielt an die Adresse der Oberbürgermeisterin von Neu-Ulm und des Oberbürgermeisters von Ulm.

Es war zwei Wochen später, am 2. Mai, als es hier im Stadthaus – schon wieder! – um das Thema ‚Klima' ging. Fällt euch was auf? Dass das Thema den Menschen in diesem Jahr auf alle nur mögliche Weise in die Hirne getrichtert werden soll ... Das ist der eigentliche Grund, warum die jetzt vermehrt mit solchen Veranstaltungen um die Ecke kommen!

(Zu einem Passanten gewandt, der mit der Hand eine abfällige Geste vollzog:) Ja, der Scheibenwischer bringt uns inhaltlich nicht weiter. Wir möchten den freien Dialog, denn das ist uns verwehrt worden! Und deshalb gehen wir auf die Straße (Beifall setzt ein), damit wir den freien Dialog führen! Und wenn jemand, der anderer Meinung ist, mit mir hier reden will, dann darf er das. Dann bekommt er eine begrenzte Mikrofon-Zeit – so wie wir, umgekehrt, gern auch begrenzte Mikrofon-Zeit haben, wenn wir in so einem Stadthaus bei einer solchen Veranstaltung einen kurzen Beitrag leisten.

Am 2. Mai kam es dann genau dazu, dass wieder jemand ans Saal-Mikrofon ging. Dafür waren zwei Frauen eingesetzt, an der rechten und an der linken Saal-Seite. Der Diskussionsredner saß am Rand, man brachte ihm das Mikrofon. Und er sagte, dass es ja diverse Berichte in den öffentlich-rechtlichen Medien gegeben hat – darüber, dass das Wetter gezielt manipuliert wird. Das ist keine Verschwörungstheorie. Ich kann euch sogar das Datum sagen! Das ist am 12. Oktober 2017 gewesen, in den ‚Tagesthemen'. Das kann jeder überprüfen: Da wurde über eine Tagung berichtet, in Berlin, die sich mit dem Thema ‚Geo-Engineering' beschäftigte. Und es wurde – in den ‚Tagesthemen' (!) – gesagt, dass es möglich ist, durch das Einbringen von Silberiodid in die Stratosphäre das Wetter gezielt zu beeinflussen.

Also, was die Indianer mit ihren Regenmacher-Ritualen auslösen wollten, wo wir als aufgeklärte Menschen schmunzeln ..., das ist tatsächlich möglich. Ich wiederhole: Es ist inzwischen möglich, durch sehr ausgereifte (!) Technologien, für die es dutzendweise angemeldete Patente (!) gibt, das Wetter gezielt zu beeinflussen. Das ist Realität. Und dass versucht wird, diese Technologie zu verschweigen, zeigt nur, dass diejenigen, die das laut sagen – wie wir heute, hier auf dem Münsterplatz – auf der richtigen Spur sind. Und wir wollen uns nicht zum Schweigen bringen lassen! (anhaltender Beifall)

Wisst ihr, was dann passiert ist? Während der Diskussionsredner spricht, fällt ihm – in einem Satz mehrmals – der Moderator ins Wort: ‚Stellen sie ihre Frage!' So ging das. Also, der Redner am Mikrofon sollte gezielt verunsichert werden. Er hat sich aber nicht verunsichern lassen, sondern er hat weitergesprochen; darüber gibt es ein Video[68].

Übrigens ist das Video zu diesem Vorfall in der Einladung zu der heutigen Versammlung verlinkt worden; und was ist geschehen, nachdem unsere Einladung tausendfach hier in der Region verteilt war? Sie haben tatsächlich genau dieses Video auf YouTube gelöscht. Warum tun die das? Weil es faschistische Strukturen sind, die da zum Ausdruck kommen. (Beifall)

Ja, genau: Es handelt sich um Drecks-Faschismus! (Beifall) Denn: Es wurde versucht, dem Redner das Mikrofon aus der Hand zu reißen. Als das Thema Wetter-Manipulation aufkam, wurde der Redner aus den etwa 200, die da drin saßen, ausgelacht. Es wurde so laut gelacht, dass man ihn raus-ekeln, weg-ekeln wollte vom Mikrofon. Aber er hat seinen Satz zu Ende gebracht: Es werde die Zeit kommen, da man über alles in Deutschland wieder frei sprechen darf – und da wollen wir wieder hin! (Beifall)

---

68 https://youtu.be/tM-O_VFpdds//https://odysee.com/@doktorlanghans:6/02-05-2023,-ulm-ein-gespr%C3%A4chsangebot...:b

Es gab noch ein drittes Ereignis, am 10. Juni in Erding. Da waren 15.000 Menschen der Einladung von Monika Gruber, der Kabarettistin, gefolgt. Und dann stellt die Frau Gruber die Frage: Wer ist zum ersten Mal auf der Straße? Und dann gehen so viele Arme hoch, dass die Frau Gruber sagt: ‚Wahnsinn, das sind ja 90 Prozent!' – Jetzt stellt euch vor: 13.000 Menschen gingen Anfang Juni zum ersten Mal auf die Straße! Warum machen die das? Weil sie die Nase VOLL HABEN! (Beifall)

Und wir waren hier in Ulm in so vielen Geschäften! Wir haben mit vielen Filialleitern von Einzelhandels-Ketten gesprochen. Bei manchen ist das Gespräch sehr kurz.

Auch gibt es welche, die wollen von dem Thema nichts hören. Aber es gibt so sehr viele – und wir haben ja buchstäblich den Test gemacht, im 1:1-Gespräch –, die, wenn man nur mit dem T-Shirt („jetzt reicht`s") reinkommt, dann sagen: ‚Mir reicht`s schon lange!' (Beifall)

In einem zweiten Beitrag[69] an diesem Tag ging ich auf die Homo- und die Depopulations-Agenda der führenden internationalen Nicht-Regierungsorganisationen ein.

Lasst uns noch ein Thema behandeln, das auch in die Gesamt-Agenda gehört. Es gibt in bestimmten Ländern folgende Gesetze – jetzt wird es heftig –, die stellen unter Strafe, wenn jemand Homosexualität propagiert. Also genau umgekehrt wie bei uns. Hierzulande wird, seit Jahren schon, gesagt: Homosexualität sei genauso ‚normal' wie ‚Heterosexualität'. Das wird bei uns verkündet. Und die Menschen müssen es annehmen.

Wenn jemand sagt, er sei der Meinung, dass sexuelle Handlungen so durchgeführt werden sollen, wie es von der Natur her vorgegeben

69 https://youtu.be/sVJYeSYMI6c // https://odysee.com/@doktorlanghans:6/19-08-2023,-ulm-dr.-langhans-homo:2

ist, also: sexuelle Handlungen seien nicht beliebig ... – wenn das jemand sagt, dann kannst du die Uhr danach stellen, bis man ihm vorwirft, er wolle ‚Menschen diskriminieren'.

Und das muss doch nachdenklich stimmen: Jemand, der sich über bestimmte Handlungen äußert – Handlungen, also nicht Menschen –, dem wird vorgeworfen, er diskriminiere bestimmte Menschen. Allein da merkt man ja, da stimmt was nicht!

Und jetzt gehen wir mal zurück in das Jahr 1995. Da hat in Peking eine internationale Konferenz stattgefunden. Wer weiß, welche Konferenz, an der auch Frau Hillary Clinton teilgenommen hat, das war? – Es war die ‚Weltfrauenkonferenz'. Und jetzt wird's spannend ..

Zwei Jahre später ist ein Buch[70] *erschienen. Publiziert hat es eine Frau Dale O'Leary. Darin hat sie die sogenannten Fünf ‚Gender'-Punkte veröffentlicht. Als Punkt 1 ist darin folgende Feststellung enthalten: ‚Die Welt hat zu viele Menschen.' Das heißt, es wird eine Behauptung aufgestellt, wonach die Bevölkerung der Erde, auf der wir leben, an ihre Grenzen gestoßen sei, und man Maßnahmen ergreifen müsse, um weiteres Bevölkerungswachstum einzudämmen.*

Nun kann man natürlich solch eine Meinung haben. Aber dazu stelle ich euch mal folgende Frage: Nehmen wir mal an, man würde die gesamte aktuelle Weltbevölkerung von acht Milliarden Menschen auf den Kontinent Australien konzentrieren – rein theoretisch. Wie viel Quadratmeter an Fläche – durchaus einschließlich Wasser- und Berg-Flächen – hätte jeder einzelne der acht Milliarden Menschen?

Nochmal: Es sind Menschen! Auch das 13. Kind einer Bantu-Familie ist ein Mensch. Und wir werden nicht aufhören, diese Wahrheit zu verkünden: Es handelt sich um Menschen und nicht um

---

70 Dale O 'Leary, The Gender Agenda. Redefining Equality (Lafayette, Louisiana 1997) 213 Seiten

Ameisen! (anhaltender Beifall). Also, würde man alle acht Milliarden Menschen auf den Kontinent Australien zusammenziehen, wie viel Quadratmeter Fläche hätte jeder einzelne Mensch, um dort zu leben? Die Antwort lautet: Es ist eine Zahl zwischen 900 und 1000 Quadratmetern!

Und da wollen uns irgendwelche sog. ‚Eliten' dieser Welt erklären, die Welt werde mit 8 Milliarden Menschen bald aus den Nähten platzen – wenn auf den kleinsten Kontinent bereits alle drauf passen! Eine Frechheit ist das! (Beifall) – Es ist eine Frechheit, und die ‚Depopulation'-Agenda steht im Hintergrund von allem, was wir aktuell erleben!

Und jetzt zurück zu den 5 ‚Gender'-Punkten: Der erste Punkt lautet, das kann in dem Buch von Dale O' Leary jeder nachlesen, 1997 veröffentlicht: Die Welt habe zu viele Menschen. Das wird einfach behauptet. – Und jetzt haltet euch gut fest, ich finde das erschütternd:

Weil die Bevölkerung reduziert werden müsse, solle die Homosexualität in der Welt propagiert werden, weil es bei homosexuellem Verhalten nicht zur Empfängnis eines Menschen kommt. So denken diese Leute! (Pfiffe) Das heißt: Die innere Verbindung zwischen der Propagierung der Homosexualität und dem Narrativ von einer angeblich von Menschen ‚überbevölkerten' Welt ist von diesen Leuten selbst herbeigeführt worden. Das kann jeder nachlesen![71]

(An einen Zwischenrufer gewandt:) Du kannst deine Meinung haben, solange Du uns, die wir hier sind, auch unsere Meinung lässt.

---

71 Man glaubt es kaum – es ist DER HAMMER ...! Zwischen der ersten Fassung des Manuskripts zu diesem Buch (Anfang April 2024) und der finalen Fassung (5.6.2024) hat es eine – offenbar gezielte – Löschung dieses zweiteiligen Beitrags gegeben. Über Web,archive.org war er dann doch noch auffindbar: https://web.archive.org/web/20240204172544/https://www.dijg.de/gender-mainstreaming/dale-o-leary-agenda-konzept-hintergrund/ // https://web.archive.org/web/20240119032440/https://www.dijg.de/gender-mainstreaming/o-leary-agenda-begriff-pekinger-aktionsplattform/

Wenn Du die gegenteilige Meinung hast, dann ist Dir das unbenommen. Wir gestatten Dir das, aber wir wollen, dass wir auch unsere Meinung auch künftig noch äußern dürfen! (Beifall) – Und genau da soll es nämlich hinlaufen:

Gestern durftest Du nicht auf der Straße sagen, was Du über den angeblichen Killervirus ‚Covid-19' denkst, ohne als ‚Verschwörungstheoretiker' oder ‚Schwurbler' oder sogar – und das in Deutschland – als ‚Nazi' beschimpft zu werden. Eine Schande für Deutschland, dass das der Fall war. Gestern durftest Du, wenn Du eine andere (als die regierungsoffizielle) Ansicht hast über die Ursachen des Ukraine-Konflikts, das nicht auf der Straße sagen, ohne – wie am 14. Mai 2022 in Hannover[72] *– von Polizisten daran gehindert zu werden, die Rede zu beenden. Aber wir beanspruchen die volle Meinungsfreiheit, und heute reden wir auch über dieses Thema klar und deutlich:*

Wir beanspruchen, dass jeder, der in Bezug auf das ‚Gender'-Thema seine eigene Meinung hat, diese äußern kann – solange er keinen Menschen beleidigt. Und wenn wir unsere Meinung äußern, dass dieses ‚Gender'-Thema ganz gezielt in die Welt gesetzt wurde, um die ‚Depopulation'-Agenda voranzutreiben, dieses Märchen von der ‚Überbevölkerung' – dann wollen wir das Recht haben, dies auch morgen noch hier auf dem Münsterplatz zu sagen. (Beifall)

Ja, Passanten können ruhig dazwischenrufen. Aber wir bekommen so viel Zustimmung. Ihr glaubt gar nicht, was wir in Geschäften für eine Erfahrung gemacht haben: So viele Menschen sind dankbar, dass wir endlich was unternehmen! Einer sagte mir wörtlich: ‚Danke, dass Ihr das macht. Cool!' – Danke, dass es Euch gibt.

---

72 https://odysee.com/@doktorlanghans:6/220514_Hannover_Zensur_Wolle:f // https://odysee.com/@doktorlanghans:6/220514_Hannover_Zensur_Eli:8 – Auf diesen Vorfall vom 14.5.2022 in Hannover kommen wir im nächsten Band der Reihe „Fröhlich im Widerstand – Teil 2: In den Fängen der Polit-Justiz" noch genauer zu sprechen.

Kapitel 7

Argumentativer Widerstand in öffentlichen Veranstaltungen

Am 28. August 2023 war Dr. Anton Hofreiter (DIE GRÜNEN) in der Ulmer Region eingeladen. Im vollbesetzten Konstantin-Vidal-Haus in Elchingen stellte er sich auch den Fragen der Zuhörer. Die Stimmung war aufgeheizt, denn der Anteil der GRÜNEN-Kritiker im Raum war vergleichsweise hoch. Meine Wortmeldung, die aufgezeichnet wurde[73], lautete:

Mein Name ist Langhans, ich bin mittelständischer Unternehmer hier in der Region, und ich war zuletzt in vielen Einzelhandelsgeschäften und habe mitbekommen, dass die Menschen, speziell die Unternehmerschaft, sich in einer Diktatur fühlen, und zwar nicht in Russland, sondern hier in Deutschland (Beifall). – Ich möchte meine zwei kurzen Fragen mit einem Kompliment einleiten, das ich sehr, sehr ernst meine.

Ich finde es toll, dass Sie sich – trotz der Stimmung, die hier im Raum herrscht – dieser Diskussion stellen, und dafür möchte ich meine Anerkennung aussprechen (Beifall). – Meine erste Frage: Es gibt das sog. ‚Habeck-Diktum'; das wird vielleicht mal in die Geschichte eingehen. Es war in einem Fernseh-Interview, nach der Frage, ob man in der Demokratie bestimmte Prozesse demokratisch durchführt, oder ob man ‚wertegeleitet' – so hat er sich ausgedrückt, viele hier im Raum wissen das – Entscheidungen trifft. Da würde mich interessieren: Wie

73 https://odysee.com/@doktorlanghans:6/28-08-2023,-oberelchingen-%C3%BCber-die:7

sehen Sie das? Wären Sie bereit, auch gegen die Meinung der Mehrheit der Bevölkerung Ihre Politik durchzusetzen?
Und die zweite Frage: Wenn einmal – tatsächlich – herauskommt, dass die GRÜNE Partei dieses Land wirtschaftlich an die Wand gefahren hat und die Menschen darüber auch tatsächlich ihren Unmut äußern, und es könnte soweit kommen, dass die handelnden Politiker zur Rechenschaft gezogen werden, könnte das dazu führen, dass Sie in einen Flieger einsteigen und sich nach Südamerika absetzen, so wie das über die ‚Rattenlinie' nach einem anderen totalitären System bereits ...?"
(Mikrofon wurde weggenommen, Beifall im Saal)

Klar, an dieser Doppel-Frage war die Antwort weniger wichtig als der Umstand, dass sie in dieser Form überhaupt gestellt werden konnte; wie das ja Teil des politischen Meinungskampfes ist und immer schon war. – Hofreiter, der offen für die weitere Aufrüstung der Ukraine und damit für die Verlängerung des Krieges geworben hatte, wählte zur Entgegnung diese Worte:

„Schaun Sie mal, Sie können hier sitzen, Sie können wirklich baren Unsinn erzählen (Lachen im Publikum), und es passiert Ihnen einfach gar nichts (Lachen). Wenn Sie in einer echten Diktatur leben würden ... (Aufzeichnung unverständlich) ... Sie beschämen und beleidigen (Aufzeichnung unverständlich, Beifall im Raum).

Deswegen: Überlegen Sie sich doch mal, was Sie erzählen! Man kann ja alles falsch finden, was die Regierung macht, aber man sollte nicht so einen baren Unsinn erzählen; wo dann einfach das Gegenüber sagt: „Entschuldigen Sie mal, was ist denn mit Ihnen passiert, dass Sie so einen Unsinn erzählen?" (Beifall)

Jeder kann in Ruhe überprüfen, ob der GRÜNEN-Politiker inhaltlich auf die Fragen eingegangen ist. Niemand zwingt ihn dazu. Und doch offenbart gerade das, was er nicht sagte (worauf er also nicht einging), einiges von der Denk- und Handlungsweise solcher Menschen.

In der Neu-Ulmer Zeitung[74] wurde diesem Abend eine Dreiviertel-Seite eingeräumt. Der Wortwechsel zwischen Hofreiter und mir wurde darin wie folgt behandelt: „Dann spricht Querdenker Daniel Langhans, der selbst erfolglos für den Bundestag kandidiert und bei Kundgebungen mehrmals Eklats verursacht hat. Die Menschen in Deutschland fühlten sich wie in einer Diktatur, behauptet er und fragt Hofreiter:

‚Setzen Sie sich nach Südamerika ab, wenn die Grünen das Land wirtschaftlich an die Wand gefahren haben, wie es über die Rattenlinie in einem anderen totalitären System geschehen ist?‘ NS-Verbrecher verließen Deutschland auf diese Weise. ‚Sie beschämen und beleidigen Menschen, die in einer echten Diktatur leben‘, antwortete Hofreiter auf den Nazivergleich."

Soweit Sebastian Mayr in seinem umfangreichen Beitrag über diesen Abend. Man sieht daran wieder verschiedene Manipulations-Techniken: Die Abwertung durch das eingeschobene Adjektiv „erfolglos". Fehlte es, so würde es kein Leser vermissen. Doch die Verwendung eines solchen Wortes bewirkt eine Herabwürdigung des Betreffenden, und wer will meinen, dass dies nicht beabsichtigt sei ...?

Einen vergleichbaren Vorfall, auch mit anschließendem Presse-Echo, gab es am 17. September 2023, als – im Rahmen des Wahlkampfes für die Wahl zum Bayerischen Landtag – auf dem Petrusplatz in Neu-Ulm das Spitzen-Duo der GRÜNEN Bayerns, Ludwig Hartmann und Katharina Schulze auftraten, um ihren örtlichen Kandidaten für den Landtag zu unterstützen.

Die „Versammlung" – ob dieser Begriff überhaupt zutreffend ist, erscheint fragwürdig, denn über Plakate war die gesamte

74 „Zwischenrufe und Nazivergleich stören Hofreiter-Auftritt in Elchingen": Neu-Ulmer Zeitung vom 30.8.2023, S. 22

Bevölkerung eingeladen worden zu kommen und Fragen zu stellen ... – war von vorneherein aufgeteilt in zwei Bereiche. In einem eingezäunten Bereich saßen die „geladenen Gäste“, wie es seitens der zahlreich eingesetzten Ordner hieß. Außerhalb befanden sich die Zaungäste, die zur Diskussion zuzulassen von den Organisatoren offenbar nicht geplant war ... Dank der soliden und nachhaltigen Dokumentations-Arbeit von „reru-TV“ gibt es zu der Veranstaltung eine Aufzeichnung.[75]

In der entscheidenden Phase, als die Fragen gestellt werden konnten, stand ich seitlich und bat um das Wort; tatsächlich wurde mir das Mikrofon gereicht. Es hatte einen Eklat gegeben, als ein Unbekannter die Veranstaltung störte, indem er einen – zunächst hinter Papp-Schildern versteckten – Gegenstand Richtung Bühne warf.

Zwar kam niemand zu Schaden, und der Mann war weder den Organisatoren noch den Menschen aus der Wahrheitsbewegung bekannt gewesen (wenn auch in der Lokalpresse – in schon fast manisch zu nennender Weise – versucht wurde, einen Zusammenhang zu den „Querdenkern“ herzustellen[76] ...), doch warf dieses Ereignis ein grelles Licht auf die gereizte Atmosphäre, in der sich der Wahlkampf insbesondere dieser politischen Partei hierzulande inzwischen bewegt. Meine Wortmeldung[77]:

Zunächst möchte ich meiner Erschütterung Ausdruck verleihen – über das, was gerade geschehen ist. Und ich denke, da sind wir einig, dass

---

75 https://www.youtube.com/watch?v=RS_0JI8WjCk

76 „Der mutmaßliche Täter sei dem Querdenken-Milieu zuzuordnen“, hieß es in der Neu-Ulmer Zeitung vom 20.9.2023, und man berief sich dabei auf eine angebliche, nicht näher qualifizierte „Mitteilung der Polizei“.

77 https://odysee.com/@doktorlanghans:6/17-09-23,-neu-ulm-sind-sie-bereit,-ihre:2

Gewalt kein Mittel der Politik sein darf (Beifall). Das Zweite: Es gibt ein Sprichwort ,Wer schreit, hat Unrecht.'

Es wurde später in der Presse die Mutmaßung aufgestellt, dass damit von mir auf die erregte Sprechweise von Katharina Schulze angespielt worden war; tatsächlich aber waren von mir lautstarke Redebeiträge aus den Reihen der (buchstäblich „ausgegrenzten" ...) Kritiker gemeint gewesen, die – auch ob der offensichtlichen Ungleichbehandlung – ihren Ärger hatten deutlich werden lassen.

Es sollte kein Geschrei geben bei politischen Versammlungen, sondern es sollte die Kraft des Argumentes gelten. Und jetzt komme ich zu meiner Frage: Mir scheint, es ist ein Zeichen von Ohnmacht, dass Menschen so reagieren – durch Gewalt oder durch Schreien; ein Zeichen von Ohnmacht darüber, dass Menschen kaum noch gefragt werden in diesem Land. Deshalb jetzt die Frage:

Wenn sich in diesem Land verbreitet, dass der Anteil des CO_2 an der Atmosphäre heute 0,04 Prozent beträgt und damit nicht höher ist als vor 130 Jahren, und wenn sich weiterhin die Erkenntnis verbreitet, dass nur ein ganz geringer Teil davon vom Menschen überhaupt verändert werden kann, dann ist es meine Frage:

Sollte sich also herausstellen, dass die Menschen die ,Klima'-Politik nicht mehr unterstützen wollen oder dass sie das gesamte ,Klima'-Narrativ ablehnen: Sind Sie dann bereit, Ihre Politik auch gegen den Willen der Menschen durchzusetzen? Denn das wäre Faschismus.

Der GRÜNEN-Politiker „antwortete" wie folgt: „Wir wissen, und da gibt`s unzählige Studien, dass die Klimakrise menschengemacht ist. Es ist unstrittig (lautstarker Widerspruch aus den Reihen der Zaungäste) es ist unstrittig (der Redner hebt die Stimme:) (...) und ich würde Ihnen da eins durchgehen lassen, ich schau Sie jetzt an. Ich nehme jetzt mal Ihr Argument auf: Wenn Sie Recht haben würden und es gäbe keine menschengemachte Klimakrise

– was spricht dagegen, Wertschöpfung in die Region zu bringen, statt unser Geld nach Saudi-Arabien zu überweisen, die den Jemen ins Mittelalter bomben? Was spricht dagegen, Wertschöpfung im Land zu haben? Was spricht dagegen, dass die Kommunen Geld verdienen können? Was spricht dagegen, dass Produkte aus Deutschland weltweit verkauft werden? Was spricht dagegen, eine eigene Solaranlage auf dem Dach zu haben? (...) Milliarden überweisen wir in alles-andere-als-demokratische Länder? (...)

Und den ersten Punkt bei Ihnen teile ich nicht. Wir wissen, dass auch nur ein paar Grad mehr gewaltige Auswirkungen haben. Das ist unstrittig. So warm war es noch nie seit Beginn der Wetteraufzeichnung, und wir wissen auch (starke Unmutsäußerungen bei den Zaungästen), wir wissen auch – also durch Wegbrüllen und Nicht-Wahrhaben-Wollen ist noch nie was besser geworden ... Die Frage ist doch: Wir haben Starkwetter-Ereignisse, die kann man nicht wegdiskutieren. Die sind da – deutlich mehr als früher; Grundwasser-Pegel, die niedriger sind als früher, deutlich früher. Das heißt doch, Klimaschutz zu betreiben, das ist unsere Verantwortung. Und das ganze Geschwafel davon ‚es gibt keine Klimakrise' – da muss ich ehrlich sagen: Das ist für mich eine Theorie, die sich nicht den Herausforderungen stellen möchte, vor denen wir stehen. Und wir haben gute Lösungen, und diese sollten wir anpacken.

Und zur letzten Frage: Wir haben in diesem Land eine ganz breite Mehrheit, dass Klimaschutz wichtig ist. Selbst in Bayern. Das zweitwichtigste Thema ist ‚mehr Klimaschutz, mehr Umweltschutz'. Wir GRÜNE machen eine bürgerliche Politik, die ein Großteil der Bevölkerung wünscht – und nicht, wie Sie es meinen!" (Beifall)

Katharina Schulze ergänzte: „Ich darf jetzt seit zehn Jahren im Bayerischen Landtag sein, und ich finde, Politik hat die

Verantwortung, anhand von Fakten Politik zu machen. Und die Grundlage der Aufklärung ist, dass man wissenschaftliche Fakten anerkennt und danach handelt. Und (zu den „Zaungästen" gewandt:) Sie können noch so oft ‚Bla-bla' oder ‚Nein-Nein' rufen, wie Sie es gerade gemacht haben. Die Fakten sind trotzdem die gleichen, (wird lauter) und ich erwarte von verantwortungsvollen Politikern, dass sie anhand dieser Fakten arbeiten und handeln – und genau das machen wir GRÜNE. Deswegen (...) setzen wir uns ein für die Energiewende, deswegen wollen wir, dass Kommunen Hitzeanpassungen machen können, damit in den nächsten Sommern diese Stadt (...) nicht zu heiß wird, gerade für Ältere und kleine Kinder.

Das sind alles Dinge, für die ich eine verantwortungsvolle Politik mache – anhand von Fakten und anhand von Wahrheiten. Und das ist die Grundlage eines demokratischen Miteinanders, und ich lade Sie dazu alle ein, sich einfach mal zu informieren und nicht in Telegram-Gruppen, in Fake-News und in irgendwelchen Schwurbel- und Verschwörungsideologen-Zimmern rumzuhängen, sondern sich mit der Wissenschaft zu beschäftigen und dann sehen Sie, dass unsere Antworten auf die Herausforderungen genau die richtigen sind!"

Nun, anhand dieser Text-Passagen kann sich jeder sein Bild machen:

– Welches Bild haben diese Politiker von „Wissenschaft"? Ist nicht Kern jeder Wissenschaft, dass das, was heute noch Geltung beansprucht, morgen schon in Frage gestellt werden kann?
– Welche Vorstellung haben sie von demokratischen Meinungsbildungs-Prozessen?
– Hören diese Leute überhaupt hin, wenn sie gefragt werden, ob sie das, was sie für einzig-und-allein-wissenschaftlich halten,

auch mit Gewalt durchzusetzen bereit sind? Verstehen die überhaupt diese Fragestellung?
– Ist in einem derartigen Weltbild überhaupt Platz für die gemäß Grundgesetz unveräußerlichen Grund- und Freiheitsrechte, die (unabhängig von all den Parametern, die in Art. 3 GG genannt sind) jedem einzelnen Menschen zustehen?

Doch eigentlich können wir alle nur dankbar sein für die Offenbarung dieses Welt- und Menschenbildes. Denn je schneller es bewusst wird, umso eher wird dieser Spuk für die Menschheit vorbei sein ...

Die Mitarbeiterin Dagmar Hub von der Neu-Ulmer Zeitung hatte das Anliegen hinter meiner Frage sehr wohl verstanden – und sie brachte es sogar in ihrem Beitrag zum Ausdruck: „Seine Frage dann lautet, was grüne Politik tun werde, wenn sich bewahrheiten sollte, dass das CO_2 in der Luft in den letzten hundert Jahren nicht zugenommen habe und die Erderwärmung möglicherweise andere Gründe haben könnte, und die Menschen in der Folge dann Klimapolitik ablehnten. Ob die Grünen in einem solchen Fall die Maßnahmen dann dennoch durchdrücken wollten?“[78]

Donnerwetter ... – da hatte jemand ganz genau zugehört – und die ideologische Politik einer Partei, die – gemäß einer Forsa-Analyse, wie der „Spiegel“ berichtete – viele Wähler aus der bürgerlichen Mitte verloren und „im linken Spektrum“ allenfalls noch 26 Prozent Stimmenanteil hat[79], auf den Punkt gebracht!

78 „Wahlkampf: Steinewerfer festgenommen“, in: Neu-Ulmer Zeitung v. 19.9.2023, S. 25

79 https://www.spiegel.de/politik/deutschland/die-gruenen-haben-viele-waehler-aus-der-mitte-verloren-forsa-umfrage-a-edf0ccfe-2991-45b9-97af-2a7e0219cff8

Allein, Ideologie und mangelnde Gesprächsbereitschaft sind nicht allein auf die Regierungsparteien des 20. Bundestags beschränkt ... Dazu schauen wir uns an, welche bizarre Szene sich am 9. September 2023 in Bad Wörishofen abgespielt hat ... Die CSU hatte in das Kurtheater in Bad Wörishofen eingeladen. In dem Saal, der 450 Menschen Platz bietet, verloren sich weniger als 30 Menschen. Mit Freunden aus der Wahrheitsbewegung waren wir vor Ort, um Herrn Klaus Holetschek zu erleben. Der Gesundheitsminister Bayerns war gekommen, um den erstmals antretenden örtlichen CSU-Kandidaten zu unterstützen. Beide Akteure saßen auf der Bühne, jeweils in einem Sessel, ein Tisch vor sich.

Es gab pro Redner ein Mikrofon, ein drittes war für Fragen aus dem Publikum vorgesehen. Doch es wurde nicht benutzt; den Fragestellern wurde zugemutet, ohne Mikrofon zu sprechen – während die Antworten der Politiker durch den Saal schallten. Diesmal wartete ich, bis die Versammlung sich dem Ende zuneigte. Auch war mir klar, dass ich nur mit Mikrofon meine „Frage" stellen würde.. So ging ich nach vorn zur Bühne und bat den Landtagskandidaten der Partei und gleichzeitig Versammlungsleiter, Peter Wachler, um das Mikrofon. Bereitwillig und ohne Zögern gab er es mir[80]:

Mein Name ist Langhans, beruflich bin ich selbstständig als Kommunikationstrainer. Habe jetzt lange zugehört. Da überlege ich, wie kann ich jetzt, das was mich bewegt, in Worte fassen.

In diesem Moment nahm ich im Augenwinkel wahr, wie der Staatsminister für Gesundheit zum Mikrofon griff, das neben ihm

80 https://odysee.com/@doktorlanghans:6/09-09-2023,-bad-w%C3%B6rishofen-sind- wir:4

auf dem Tisch lag ... In der Vorahnung, dass sich nun etwas Undemokratisches ereignen werde, gelang es mir noch schnell zu sagen:

Ich wäre jetzt dankbar, wenn – solange ich jetzt das Mikrofon habe, vielleicht maximal drei Minuten – die anderen beiden Mikrofone auf dem Tisch liegen bleiben könnten.

Doch schon passiert es. Holetschek unterbrach abrupt:
„Herr Langhans, Sie haben doch auf mehreren Veranstaltungen schon gesprochen. Ihre Meinung ist doch bekannt, dass Sie die Corona-Pandemie leugnen[81], Ihre Meinung ist doch bekannt ... (Aufzeichnung unverständlich) Wir haben uns doch schon mehrmals getroffen. Es macht doch wenig Sinn."

Ich versuchte erneut, meinen Beitrag, zu dem mir der Versammlungsleiter das Mikrofon gegeben hatte, auszusprechen:

Darf ich jetzt noch meine Wortmeldung durchführen? Ich möchte dabei nicht unterbrochen werden. Darf ich jetzt noch meine Wortmeldung durchführen?

„Nein. Im Extremfall würden Sie dann des Saales verwiesen."

---

81 Nach der – durch das multipolar-Magazin per Gerichtsbeschluss erzwungenen – Veröffentlichung der (vorläufig noch massiv geschwärzten) Protokolle des Robert-Koch-Instituts im März 2024 flammte in den Medien eine Diskussion über die sog. „Pandemie" auf. In einem Beitrag hieß es: „Viele deutsche Medien übten zu Spahns Zeit – oft mit dem Vorwurf „False Balance" verbunden – massive Kritik an maßnahmenkritischen Wissenschaftlern, selbst wenn diese unbestritten über Expertise verfügten. Ihnen wurde vorgeworfen, nur eine Außenseitermeinung zu vertreten, sie sollten aus dem Diskurs gedrängt werden. Dieser Plan ging in großen Teilen der Öffentlichkeit auf, Kritiker der deutschen Corona-Politik wurden als „Querdenker", Rechtsextreme oder Putin-Freunde gelabelt und mit Verschwörungstheoretikern in einen Hut geworfen." https://www.welt.de/politik/deutschland/plus250755780/Corona-Die-RKI-Protokolle-und-wie-die-Politik-die-Wissenschaft-ignorierte.html

Darf ich jetzt noch in aller Ruhe meine Wortmeldung, maximal drei Minuten, durchführen? (Aus dem Publikum wurde mehrfach gerufen: „Nein“)

Tatsächlich erschrocken, ja verstört angesichts dessen, was sich hier im Raum – entgegen der Bereitschaft des Versammlungsleiters, mich anzuhören – abspielte, gab ich das Mikrofon ab und wandte mich zum Gehen.

Soweit zur Meinungsvielfalt in Deutschland, im Herbst 2023. Angesichts solcher Zustände hat der Mensch zwei Möglichkeiten: Man geht achselzuckend zur Tagesordnung über. Oder ... – ... man trifft seine konkreten Entscheidungen.

Meine Überlegungen in dieser zeitgeschichtlichen Phase waren etwa wie folgt in Worte zu fassen: In diesem Land, in unserer Demokratie soll gerade eine offene Diskussion verhindert werden. – Also eröffnen wir neue Räume der öffentlichen Wirksamkeit ...!

Kapitel 8

Auf dem Weg zur Anerkennung als Kandidat

Die ersten, die von meiner Kandidatur erfuhren, waren die Teilnehmer am Ulmer Spaziergang, der allwöchentlich freitags ab 19 Uhr ab Münsterplatz durchgeführt wurde. Am 27. Oktober hatte ich Gelegenheit[82], am Megaphon kurz auszuführen:

Hallo, Ihr Lieben, es gibt ja Entwicklungen hier in Ulm, da haben wir die Chance, unser Thema einer größeren Öffentlichkeit zugänglich zu machen – und zwar auf dem Weg über die Kandidatur für das Amt des Oberbürgermeisters. Ihr habt sicher schon die Plakate gesehen: Der vier Kandidaten, die es im Moment gibt. Aber, was die vier alle noch nicht wissen:

Es rauscht gerade ein fünfter sozusagen von hinten an, und wenn der für dieses Amt am 6. November zugelassen wird, dann gibt es die Möglichkeit, dass unsere Themen platzieren können, nämlich: was geschieht hier eigentlich mit den Menschen in der Welt und was passiert, wenn die Polit-Marionetten einfach nur ‚Vorgaben' von oben umsetzen?

Damit das thematisiert werden kann, deshalb kandidiere ich für dieses Amt. Und dafür benötigt man nichts anderes als 150 Unterstützer, die in Ulm wohnen. Bitte setzt Euch mit mir in Verbindung; ich habe dazu heute Formulare dabei, und es gibt diese

82 https://odysee.com/@doktorlanghans:6/27-10-23-dr.-langhans-welches-ziel-steht:3 // https://youtu.be/uhiOMXIqxh0

Formulare auch im PDF-Format. Danke für Eure Unterstützung. Das erste lokale Medium, in dem über die Kandidatur berichtet wurde, war die Schwäbische Zeitung[83]. Sie ließen die Bombe platzen am 31. Oktober 2023. Vorausgegangen war ein Telefonat mit einem der Redakteure – in dem ich die ihm vorliegende Information meiner Bewerbung um eine Kandidatur grundsätzlich bestätigt, auf die Nennung weiterer Einzelheiten gleichwohl verzichtet hatte:

„Ulm könnte noch einen weiteren Bürgermeister-Kandidaten bekommen: Wie die Schwäbische Zeitung erfahren hat, will sich auch Daniel Langhans aufstellen lassen. Der 65-Jährige zählt sich zur Szene der Querdenker. Noch gibt sich Langhans bedeckt: Bestätigen will er nur, dass er derzeit nach Unterstützern suche, um eine Unterschriftenliste beim Wahlamt einreichen zu können. Mindestens 150 Unterstützer benötigt jeder Kandidat und jede Kandidatin, um zur Wahl zugelassen zu werden. Wie viele er davon bereits gesammelt hat, will er nicht verraten.

Und auch sonst hält er sich mit Wahlwerbung noch zurück, ‚aus Respekt vor den Verfahrensbeteiligten'. Ein Wahlkampf zum jetzigen Zeitpunkt würde aus seiner Sicht das Signal aussenden, dass die Entscheidung des Wahlausschusses nicht mehr von Bedeutung sei. Bis zum 6. November, 18 Uhr, hat Langhans Zeit, um Unterschriften einzusammeln. Dann entscheidet der Gemeindewahlausschuss in öffentlicher Sitzung am 7. November ab 14 Uhr über die Zulassung der eingegangenen Bewerbungen zur Wahl.

Er arbeitet als Kommunikationsberater, sein Büro hat er in Ulm. Zu seinen Motiven als Bürgermeister in Ulm anzutreten,

---

83 https://www.schwaebische.de/regional/ulm-alb-donau/ulm/querdenker-will-ulmer-oberbuergermeister-werden-2017626

erklärt er: ‚Ich möchte, dass in dieser Stadt das entschieden wird, was die Menschen wirklich wollen.‘ Weiter wolle er darauf aber noch nicht eingehen.
Dass Langhans die notwendigen 150 Unterschriften einsammeln kann, gilt als sehr wahrscheinlich. Schließlich ist er kein Unbekannter. Während der großen Corona-Demos trat er auch bundesweit als Redner auf. So unter anderem auf einer Demo in Hannover, wo ihn die Polizei laut Medienberichten aber von der Bühne holte und ein Strafverfahren eingeleitet wurde. Langhans hatte unter anderem öffentlich gesagt, in der Ukraine würde ‚dreckiger Nationalsozialismus den Ton angeben‘ und ‚Sie wollen uns erzählen, dass es einen Bösen gäbe, der erst die Ukraine und dann die ganze Welt mit Krieg überziehe. Aber wir wissen, dass das wieder eine große, große Lüge ist.‘ Die Nato dagegen betreibe nur ‚reine Kriegstreiberei‘.

Der Vorwurf des Amtsgerichts Hannover lautete damals: Langhans vergleiche den politischen Zustand in der Ukraine mit dem nationalsozialistischen Unrechtsregime Nazideutschlands. Das komme einer Unterstützung des Angriffskriegs Russlands gegen die Ukraine gleich. Am Ende sprach das Gericht eine Verwarnung aus und verhängte eine Geldstrafe. Das Urteil ist allerdings noch nichts rechtskräftig. Langhans hat nach eigenen Angaben dagegen Rechtsmittel eingelegt, weil er sich in seiner Meinungsfreiheit eingeschränkt sehe.

Bei den sogenannten Spaziergängen durch Ulm und Neu-Ulm hatte Langhans die Corona-Pandemie unter anderem als ein ‚Projekt‘ bezeichnet. Dahinter stecke der Microsoft-Gründer Bill Gates, der die Weltbevölkerung mit Impfungen dezimieren wolle.“

Soweit dieser umfassende Artikel, der wie folgt überschrieben war: „Querdenker will Ulmer Oberbürgermeister werden“ Immerhin war in diesem Beitrag mein Zitat aus dem Telefon-Gespräch

‚Ich möchte, dass in dieser Stadt das entschieden wird, was die Menschen wirklich wollen' eigens hervorgehoben worden.

Dass es sich bei mir um einen „Querdenker" handle, musste offenbar in der Überschrift verarbeitet werden. Meist werden ja nur die Überschriften gelesen. Dazu muss man wissen, dass der Leser – aufgrund jahrelanger Vorbereitungen in solchen Medien wie der „Schwäbischen Zeitung" – bei so einem Wort gleich andere Worte buchstäblich „mitlesen": „Corona-Leugner", „Rechte", „Extremisten" etc. – lauter Begriffe also, die pejorativen Charakter haben und mit denen die Bevölkerung über Jahre hinweg buchstäblich verseucht wurde. Offenbar war von der Redaktion alles verwertet worden, was man in der Eile an Material über mich finden konnte.

Einerseits ist in dem Beitrag das Bemühen um eine korrekte Wiedergabe der Fakten durchaus zu beobachten; andererseits sind krude Nebensätze („weil er sich in seiner Meinungsfreiheit eingeschränkt sehe") durchaus geeignet, das Verständnis dafür zu zerbröseln, welche fundamentale Bedeutung eben diese Meinungsfreiheit für eine Demokratie hat. Noch deutlicher: Wenn ein öffentlicher Redner während seiner Ausführungen von der Polizei gehindert wird, seine Meinung zu äußern, ist das ein äußerst schwerwiegender Vorgang; ja – es hat geradezu den Charakter eines Fanals. Und einen solchen massiven Eingriff auf die Ebene des persönlichen Empfindens zu bagatellisieren und damit zu verharmlosen, zeigt an, welcher Ungeist zu diesem Zeitpunkt – Oktober 2023 – in die Redaktionen längst Einzug gehalten hatte.

Was die Unterschriften-Sammlung betrifft, war es tatsächlich eine große Herausforderung – innerhalb von etwa 10 Tagen die Zahl von 150 auf Papier (!) unterzeichneten Unterstützer zu gewinnen. Mit der tatkräftigen Hilfe von Freunden aus der Wahrheits-Bewegung und der eigenen Akquise-Kompetenz – ein Großteil der Unterschriften wurde buchstäblich auf der Straße eingeholt – gelang es schließlich, so dass die letzten der insgesamt mehr als 170 abgegebenen Unterschriften noch am Montag, den 6. November, eingereicht werden konnten.

Parallel zu diesen Aktivitäten war noch ein Gerichtsverfahren zu absolvieren. Wie allseits bekannt, waren die Mund-Nase-Bedeckungen in die Corona-Maßnahmenverordnungen der Bundesländer als Verpflichtung hineingeschrieben worden. Dies geschah gegen sämtliche Evidenz-Anforderungen, wie sich – für eine Vielzahl von Experten – nicht erst drei Jahre später herausgestellt hat.[84]

Insbesondere die Maßnahmen-Gegner waren gezwungen worden, sich dieser Schikane zu unterziehen, wenn sie auf der Straße, also unter freiem Himmel (!) für die Grundrechte aller Bürger eintraten. Zeitweise wurde in der heftigsten Phase im Jahr 2021 durch Einsatzkräfte der „Polizei" eine regelrechte Jagd

---

84 https://www.cicero.de/kultur/rki-protokolle-corona-nichtevidenz-masken – ein Beitrag vom 27. März 2024; erschienen kurz nach der Veröffentlichung der – noch geschwärzten – Protokolle des RKI-Krisenstabs // Interview mit Dr. Bodo Schiffmann, der gleich zu Beginn der Corona-Krise per Video eine Sende-Reihe eröffnete und (neben vielen anderen international angesehenen Wissenschaftlern) aus medizinischer Sicht auf die Widersprüche der Politik hingewiesen hatte: https://odysee.com/@oliverjanich:b/Die-RKI-Protokolle---mit-Dr_-Bodo-Schiffmannkompimiert:a // https://www.youtube.com/watch?v=6-5As_bqBI8 // In der „Neuen Zürcher Zeitung" hieß es am 5. April 2024: „Die Pandemie erschütterte das Vertrauen in die Rationalität politischer Entscheidungen. Darüber hinaus drifteten manche Zeitgenossen in die Phantasiewelt einer „Corona-Diktatur" ab. Der Zwangsstaat bringt eben Zwangsvorstellungen hervor. Technokraten setzen sich über kritische Stimmungslagen hinweg. Demokraten hingegen sorgen sich um den gesellschaftlichen Frieden. Sie sollten deshalb die Corona-Massnahmen endlich aufarbeiten und den Pandemiepakt nicht ratifizieren": https://www.nzz.ch/meinung/kein-who-pandemiepakt-ohne-aufarbeitung-der-corona-folgen-ld.1824905?mktcid=smch&mktcval=twpost_05-04-2024

auf Nicht-Maskenträger veranstaltet. Da ich mich Ende August 2020 entschieden hatte, mich nie wieder einer derartigen Selbst-Demütigung, wie es das Aufsetzen einer Maske in meinen Augen darstellt, zu unterziehen, gab es diverse Probleme mit den „Blauen“ bzw. „Schwarzen“, die auf Kundgebungen angeblich als „Sicherheitskräfte“, jedoch vornehmlich zur Schikanierung der Teilnehmer eingesetzt waren.

Einer dieser Prozesse fand nun statt am 2. November 2023, also mitten in der heißen Phase, als es darum ging, die erforderlichen Unterstützer für die OB-Kandidatur zu gewinnen. Man kann sich vorstellen, welche Herausforderung es bedeutete, dafür – mitten in dieser hektischen Vorwahlkampf-Phase – die erforderliche Ruhe aufzubringen. Immerhin gab es an diesem Tag eine positive Überraschung seitens der Vorsitzenden Richterin.[85]

Am 7. November 2023 tagte in öffentlicher Sitzung der Wahlausschuss der Stadt Ulm im Rathaus. Mit Freunden war ich dabei zugegen und lernte bei dieser Gelegenheit den anderen parteiunabhängigen Bewerber, Einzelhandels-Unternehmer in Ulm, sowie seine Frau kennen. Er nahm auch an der Sitzung teil. Gern erinnere ich mich an diesen Moment – es war eine respektvolle, herzliche Begegnung.

---

85 vgl. dazu den nächsten Band in dieser Buchreihe: „In den Fängen der Polit-Justiz“

Kapitel 9

Explosion medialer Präsenz

Manch einem mag die Überschrift dieses Kapitels etwas massiv vorkommen. Doch so war es tatsächlich: Kaum war die OB-Kandidatur des Nachzüglers bekannt geworden, trudelten – sei es per Telefon oder per email – die Anfragen von Redakteuren ein: Ob ich denn diese Frage beantworten, jenen Termin vor Ort wahrnehmen oder zu einem Treffen in ein Café kommen könne ...

Am 13. November war ich eingeladen von Regio-TV-Schwaben; ein Sender, mit dem mich vor einigen Jahren eine intensive geschäftliche Kooperation[86] verbunden hatte. In der Abendsendung vom 24. November wurde das Interview ausgestrahlt[87]. Einige Auszüge:

„Wie würden Sie sich mit drei Worten selbst beschreiben?"

Fröhlich – zuversichtlich – engagiert.

„Was ist Ihre Lieblingsbeschäftigung?"

Ich spiele gern Gitarre und singe dazu, mit Freunden.

„Warum sind Sie in die Politik gegangen?"

Ich empfinde mich eigentlich gar nicht als Politiker, sondern als Stimme des Volkes – in dem, was man ‚Politik' nennt.

---

86 Ein Beispiel für diese Kooperation, im Jahr 2012: https://youtu.be/F5O3ta9xOR0 // https://odysee.com/@doktorlanghans:6/(retro)-2012-vorsicht-verk%C3%A4ufer-,-teil:4

87 https://www.regio-tv.de/mediathek/video/regio-tv-schwaben-journal-24-11-2023/

„Welche drei kommunalpolitischen Themen sind für Sie die wichtigsten der kommenden acht Jahre?“

In erster Linie geht es darum, dass die Menschen gehört werden. Das ist mein wichtigstes kommunalpolitisches Thema: Dass Entscheidungen nicht über die Köpfe der Menschen hinweg getroffen werden – speziell, aber nicht nur beim Thema ‚Klima'.

„Ukrainekrieg, Nahost-Konflikt, Inflation – wie herausfordernd sind diese globalen Themen aktuell für Ulm, und wie wollen Sie als Oberbürgermeister Ihren Bürgern hier Zuversicht schenken?“

Ja, das ist ein sehr trauriges Thema, dass so viele Menschen aktuell unter Kriegen leiden, und meine Aufgabe sehe ich darin, deutlich zu machen, dass die Waffen sofort schweigen müssen.

„Ein anderes Problem, das nicht nur Ulm hat: Die Unterbringung und Versorgung von Flüchtlingen. Wie viel kann Ulm Ihrer Ansicht nach noch stemmen, und was kann sich mit Ihnen als Oberbürgermeister an der aktuell schon herausfordernden Situation ändern?“

Ich stimme überein mit dem bisherigen OB, dass die Grenze der Belastbarkeit schon längst erreicht sind – das hat er in der Schwörrede deutlich gemacht. Hier muss sich grundsätzlich etwas ändern; es müssen die Ursachen beseitigt werden, und das sollten wir als Ulmer sehr klar gegenüber der Bundesregierung zum Ausdruck bringen.

Nach der übergroßen Zahl der Baustellen gefragt, lautete meine Antwort:

Man munkelt ja, dass es kein Zufall ist, dass so sehr viele Baustellen in Ulm gerade die Menschen am Verkehr hindern und Staus verursachen; und da muss man natürlich die Frage stellen, ob dahinter ein System steht. Die Frage zu stellen, heißt noch nicht, sie zu beantworten.

„Wie soll die Mobilität der Zukunft für Sie aussehen?“

Auf jeden Fall individuell! Denn dass die Menschen sich einsperren lassen – sei es in sog. ‚15-Minuten-Städte‘ oder -‚Zonen‘ oder sei es, dass sie sich dann nur noch über den ÖPNV bewegen können –, das möge den Menschen erspart bleiben, und ich bin auch überzeugt, dass sie dazu gar nicht bereit sind.

„Wenn Sie einen Slogan für die Stadt Ulm wählen dürften – wie würde dieser denn lauten?“

‚Ulm – die Stadt von Hans und Sophie Scholl‘.

Auch hier kam meine innige persönliche Verbindung mit den christlichen Märtyrern der NS-Zeit – Hans und Sophie sowie ihre tapferen Mitstreiter der Widerstandsbewegung „Weiße Rose“ – zum Ausdruck; eine Verbindung, die in ihrer Tiefe ein Außenstehender wohl kaum zu ermessen vermag. Dass nur kurze Zeit später einige Zeitgenossen – noch dazu in einer öffentlichen Versammlung und im anonymen Schutz der Menge – die Dreistigkeit offenbaren würden, mir genau dies abzusprechen[88], hätte ich niemals für möglich gehalten.

Die im Interview mit Regio-TV Schwaben angedeuteten Ausführungen von Gunter Czisch waren bei seiner programmatischen Schwörrede gemacht worden (s.u.):

„Für Beunruhigung und Irritation sorgt indes der stetige Zustrom an Menschen ohne Bleibeperspektive. Einen kurzen Augenblick lang haben wir alle gehofft, dass der kürzlich vereinbarte Asylkompromiss der EU-Länder das Problem der illegalen Einwanderung entschärfen würde. Ein weiteres Mal aber wird die Vereinbarung in Frage gestellt. Wenn das der Geist europäischer

88 s. Kapitel 12

Zusammenarbeit sein soll, dann wird es in Zukunft in der EU noch schwieriger werden. So geht Europa wirklich nicht!"[89]

Am 25.November erschien ein weiterer grundsätzlicher Artikel in der „Schwäbischen Zeitung".[90] – Bereits an der Überschrift ist eine gewisse Fairness erkennbar. Der Beitrag war so entstanden, dass mir die Fragen am 10. November vorab schriftlich zugeleitet worden waren. So konnte sich der Leser über die Denkweise des Kandidaten ein eigenes Bild machen – ohne Bevormundung und krasse Verzeichnung durch journalistisches Verkleistern ...

OB-Kandidat Daniel Langhans will sich „für ein Leben in Frieden einsetzen"

„Mit welchen Erfolgen kann Ulm 2030 bei der Eröffnung der Landesgartenschau dank Ihnen als OB prahlen?"

Man wird im Jahr 2030 rückblickend feststellen, dass – speziell seit 2020 – bei der Entwicklung hin zu einer wirklichen Demokratie in Deutschland die Stadt von Hans und Sophie Scholl eine ehrenhafte Rolle gespielt hat.

„Beim Bier in der Kneipe spricht Sie ein Gast auf die nicht enden wollenden Baustellen und Umleitungen in Ulm und die damit schlecht erreichbaren Geschäfte an. Was entgegnen Sie ihm?"

Dass der Gast selbst die Ursachen für die vielen Baustellen und die katastrophale Verkehrspolitik erkennen kann: jeder von uns hat die

---

89 https://www.ulm.de/tourismus/stadtgeschichte/feste-und-traditionen/schwoermontag/schwoermontag2023/schwoerrede-2023#:~:text=%E2%80%9C%20Dies%20war%20eine%20der%20zentralen,sondern%20im%20Ulmer%20M%C3%BCnster%20statt. // https://www.youtube.com/watch?v=bbJgdHZrqJg&t=1646s

90 https://www.schwaebische.de/regional/ulm-alb-donau/ulm/ob-kandidat-daniel-langhans-will-sich-fuer-ein-leben-in-frieden-einsetzen-2054403

Möglichkeit, sich öffentlich zu engagieren und für ein Leben in Frieden und Selbstbestimmung einzusetzen.

„Was entgegnen Sie einer Frau, die Ihnen sagt, dass sie abends nicht mehr alleine durch die Ulmer Innenstadt laufen möchte, weil die Schlagzeilen in den Medien sie so verunsichern?"

Ja, dass Ulm wieder sicherer werden muss, ist unser aller Anliegen. Wir sollten die tatsächlichen Ursachen für dieses Problem ohne Scheu thematisieren.

„Ukraine-Krieg, Nahost-Konflikt, Inflation: Wie herausfordernd sind derartige globale Themen aktuell für Ulm und was macht das mit der Gesellschaft?"

Solche Themen polarisieren, ja spalten die Menschen voneinander ab. Insbesondere hinsichtlich der Kriege in anderen Ländern muss jedoch in einem Rechtsstaat gewährleistet sein, dass jeder Bürger seine eigene Wahrnehmung haben und auch öffentlich äußern kann. Versuche der Politik, auf dem Weg über das Strafrecht den Debattenraum der Demokratie einzuschränken, sind grundgesetzwidrig. Das genau findet jedoch im Moment statt. Da sollten alle - ob „linke" oder „rechte" - Demokraten dagegen aufstehen.

„Ein anderes Problem, das nicht nur Ulm hat: die Unterbringung und Versorgung von Flüchtlingen. Wie viel kann Ulm Ihrer Ansicht nach noch stemmen?"

Es sollte diesbezüglich auch in Ulm so verfahren werden, wie überhaupt in Deutschland: Das Asylrecht ist konsequent anzuwenden. Und eine Justizministerin, die aus meiner Sicht gesetzwidrig handelt, sollte sofort abtreten. Und von einem OB ist zu erwarten, dass er das in Richtung Berlin klar und deutlich fordert.

„Wer ist Ihr politisches Vorbild?"

Hans und Sophie Scholl. Beide sind mein Vorbild. Sie haben sich mutig – und ohne Rücksicht auf die Folgen für ihr Leben – eingesetzt für die Menschenwürde, für die Wahrheit und für die Befreiung der Bürger von Gewaltherrschaft und Krieg.

„Welche TV-Sendung oder Serie haben Sie zuletzt geschaut?“

Daran kann ich mich - tatsächlich - nicht mehr erinnern.

„Welchen skurrilen Gegenstand besitzen Sie daheim und warum ist der Ihnen wichtig?“

Skurril nicht, aber wichtig ist mir meine Gitarre - zu der ich mit lieben Menschen Lobpreislieder und auch deutsche Volkslieder singe. Das erhebt die Seele.

„Über was mussten Sie zuletzt so richtig herzhaft lachen?“

Darüber, dass von Medien aus meiner Sicht noch immer versucht wird, Menschen, die klar und quer und selber denken, mit Schlagworten zu kennzeichnen. Denn das Klar-, Quer- und Selberdenken erfasst gerade immer mehr Menschen.

Auch im Kontakt mit dem lokalen Radio-Sender „donau3fm“, mit dem mich bereits eine für beide Seiten fruchtbare Geschäftsbeziehung verbunden hat, ging es fair zu. Recht kurzfristig war ich zu einem Interview eingeladen worden. Es fand am 24. November statt im Ulmer Studio und wurde am 1. Dezember publiziert[91].

„Sie sind selbstständiger Kommunikationstrainer, Unternehmer, und jetzt möchten Sie Ulms Oberbürgermeister werden. Warum?“

Weil ich denke, dass ich einen Aspekt zur Sprache bringen kann und auch werde – und auch bereits getan habe, der bisher nicht so sehr Berücksichtigung fand, nämlich: Was möchten die Menschen wirklich

---

91 https://www.youtube.com/watch?v=h_RhozvEYEs&t=25s

selbst, für ihr Leben? Ich möchte einen Beitrag leisten, dass sie mitreden, dass sie, wenn es um ihr Leben, ihre Existenz geht, dann auch gefragt werden wollen. Und viele gibt`s, die sich einfach abkehren von der Politik. Wenn man zehn Menschen fragt ‚Fühlst Du Dich vertreten von der Politikern?', dann sagen neun: ‚Hör mir bloß auf damit!' Und da möchte ich einen Beitrag leisten, dass die Menschen wieder erkennen, dass richtige – gute – Politik für die Menschen da ist.

„Und wenn Sie jetzt gewählt würden – was wäre Ihre erste Amtshandlung?"

Meine erste Amtshandlung wäre, das ‚Klima'-Narrativ so richtig ins Wackeln zu bringen – in der Form, dass ich nicht verfügen (würde), dass jetzt alles rückgängig gemacht werden muss, sondern dass ich Menschen einbeziehe in die Diskussion, in die Information über dieses Thema; denn ich denke, wir sind hier – jetzt sage ich es Ihnen sehr, sehr deutlich – über die letzten Jahre und Jahrzehnte belogen worden.

„Es gibt in der Jugendsprache ‚guilty pleasure' – das ist `ne Sache, die man macht, aber nicht so gern sagt, weil man`s peinlich findet oder komisch. Haben Sie denn so was, und möchten Sie`s verraten?"

Ich würde Ihre Frage mal wie folgt beantworten: Es gibt sehr viel, was ich tue – von dem ich weiß, dass es gesellschaftlich nicht ‚en vogue' ist. Nämlich ich kümmere mich um die eigentlichen Hintergründe dessen, was ‚Politik' genannt wird; speziell seit den letzten dreieinhalb Jahren. Und da kommt dann sehr schnell das ‚V-Wort', das Wort von der ‚Verschwörungstheorie' … Das ist es, was gesellschaftlich so ein bisschen an den Rand geschoben werden soll: Wenn Menschen nach den Hintergründen und Ursachen für gesellschaftliche Entwicklung fragen. Das mache ich, und da komme ich auf unglaublich interessante Entdeckungen …

Wie man sieht, gelang es durchaus, Inhalte, die wir in der Bürgerrechtsbewegung als Brennpunkte der aktuellen Situation – auf kommunaler, regionaler wie auch staatlicher Ebene – ansehen, zu platzieren. Ein weiteres Beispiel sind die Kurz- Stellungnahmen, zu denen die Kandidaten jeweils, zumeist per email, eingeladen wurden.

Bei einem dieser Projekte[92] gelang es tatsächlich, wieder das „Klima"-Narrativ zur Sprache – und damit dem ohnehin bevorstehenden (...) Einsturz näher – zu bringen. Auch die Migrations- Problematik, deren Zielsetzung von den anderen Kandidaten weitgehend ignoriert wurde, konnte kurz angesprochen werden:

„Mit welchem Konzept wollen Sie das Sicherheitsgefühl in der Stadt verbessern?"

Seminare mit Menschen aus der Migrationsbevölkerung, mit dem Ziel, gemeinsame – insbesondere kommunikative! – Lösungen zur Deeskalation zu erarbeiten. Klare Kante zeigen gegenüber der Landes- und Bundesregierung: Dass (wie es bereits in der Schwörrede 2023 angedeutet wurde ...) Ulm nicht noch mehr ‚Menschen ohne Bleibeperspektive' aufnehmen kann und wird. Bürger-Dialoge einrichten, öffentliche Plattformen für Artikulation und Partizipation schaffen.

„Was sind Ihre Ideen, um Ulm lebenswerter zu machen?"

Alles, was zu den ersten vier Fragen geantwortet wurde. Vor allem jedoch geht es darum, die Bürger nicht länger mit Maßnahmen zu behelligen, die auf der – unbewiesenen – Behauptung beruhen, die ‚globale Erwärmung' sei Folge des CO_2- Ausstoßes; denn in Wirklichkeit ist CO_2 notwendig, damit es Leben gibt.

92 „Besser leben in der Stadt": Südwest-Presse v. 24.11.2023, S. 18

Neben den etablierten Medien kamen auch eigene Medien zum Einsatz. Bereits zur Vorbereitung der „jetzt-reichts"-Kundgebung am 19. August waren ja in Haushalten und Geschäften der Ulmer Region ca. 20.000 Flyer übergeben worden. Auch diesmal wurden die Haushalte wie auch Einzelhandelsgeschäfte direkt angesprochen. Dabei kam – wie im Sommer – das eigene 4-Seiten Magazin „Das freie Wort" zum Einsatz. Darin war ausgeführt:

Editorial

Herzlich willkommen – zur 7. Ausgabe dieser kleinen Zeitschrift, die seit 2008 ab und zu erscheint. Ich bin Dr. Daniel Langhans, Kommunikationstrainer, Leiter des Teams Profiakquise und seit 1999 Unternehmer in Ulm. Mit meiner lieben Frau habe ich fünf Menschen das Leben geschenkt; bin partei-unabhängig. [93]

Wer zu spät kommt, den bestraft das Leben

Ende Oktober 2023, in der Hirschstraße in Ulm: Ich suche das Gespräch mit Bürgern der Stadt. Frage nach ihren Wünschen und Erwartungen an den neuen Ulmer Oberbürgermeister ... Und so nimmt das ***Wahlprogramm*** [94] *Gestalt an:*

Was wir brauchen, sind ***weniger Baustellen*** *innerhalb der Stadt und mehr Bewegungsfreiheit. Dazu zählt auch der* ***Ausbau von Radwegen****; die* ***Verkehrspolitik*** *wird von vielen als geradezu* ***chaotisch*** *empfunden. In Bezug auf die Architektur wünschen sich ältere Bürger ein Stadtbild zurück, das von weitaus mehr Grün – auch in der*

---

93 Als weiterführende Hinweise waren in dem Flyer u. a. angegeben: Viele öffentliche Reden gemäß https://odysee.com/@doktor-langhans:6?view=content // Die Enteignung der Bürger ab 2024 wurde schon im Herbst 2019 vorbereitet: https://deutsche-wirtschafts-nachrichten.de/703233/Gesetzesaenderungen-ab-2024-Kommt-ein-neuer- Lastenausgleich

94 Hervorhebungen im Original.

Innenstadt – geprägt war. Volle Zustimmung meinerseits: Was aktuell herrschend niederdrückt, sind Block-Bauten; was fehlt, ist der besondere ***Liebreiz einer schwäbischen Stadt.***

Als ein weiteres großes Problem wird die ***Sicherheit*** *empfunden. Von Bürgern wird mir berichtet, die ihr Theater-Abo gekündigt haben, weil sie im Dunkeln auf dem Weg bis zur Tiefgarage buchstäblich Angst haben. Man fühlt sich abends nicht mehr sicher in der Innenstadt – und der Zusammenhang mit einer ideologisch verblendeten Migrationspolitik ist unabstreitbar. In der Schwörrede am 24. Juli 2023 sprach der OB davon, dass „vor allem der stetige Zustrom an* ***Menschen ohne Bleibeperspektive*** *für* ***Beunruhigung und Irritation*** *sorgt" (s.u.).*

Dem stimme ich zu. Dazu gleich die Fragen: Was sind die Ursachen für diese katastrophale Entwicklung? Und was ist vom OB seither veranlasst worden? – Noch 2017 hatte ich mich persönlich dafür eingesetzt, Migranten in Ulm zu einer Arbeitsstelle zu verhelfen. Doch inzwischen frage ich auch: Warum sind 2023 so viele weitere Migranten wie noch nie angekommen? Ist es gar ein ***Umvölkerungs-Plan****? Menschen ihrer Heimat zu entwurzeln und sie – Alte zurücklassend – zu uns zu holen? Und warum gerade Deutschland?*

Und warum werden Migranten, insbesondere auch aus der Ukraine, finanziell gefördert, nicht aber unsere deutsche Bevölkerung? Einem Mann jenseits der 60, der meine Kandidatur unterstützt, halte ich meine Hand zum Dank hin – auch wenn die seine kurz zuvor noch tief in einem städtischen Mülleimer gesteckt hatte. Täglich kommen noch mehr Migranten in unser Land, in unsere Stadt – und für sie ist Geld da, während ***unsere Rentner Flaschen sammeln****. Da läuft was gewaltig falsch ..., oder? Eine Frage, die viele Bürger umtreibt ...*

Kein Problem, heißt es, die Bundesbank kann ja jederzeit Geld drucken ... Also die ***Staatsverschuldung*** *weiter nach oben treiben ...?*

Auf Kosten künftiger Generationen? Und auf Kosten einer ***drastischen Geldentwertung*** *...! Denn je mehr Geld im Umlauf ist, desto weniger kann man für 1 Euro kaufen. Das nennt man „Fiat" („es möge geschehen")-Geldsystem: Wenige ultrareiche Rothschilds, denen fast alle Nationalbanken der Welt gehören, leihen den Regierungen die – aus dem Nichts geschaffenen – Geldbeträge; die Politiker wiederum pressen das benötigte Geld, um die Kredite zu bedienen, über* ***Steuern, Abgaben und Bußgelder und Strafzahlungen*** *ihren Bürgern ab. Merkt Ihr was?*

Das ganze System stinkt – und zwar gewaltig ... Auch über völlig überhöhte, künstlich in die Höhe getriebenen Energiepreise werden ***die Bürger enteignet*** *– zugunsten der internationalen Konzerne. Das alles sei angeblich Herr Putin schuld, wird uns gesagt ... Wer will sowas noch länger glauben ...? Wo wir doch spätestens jetzt wissen, dass viele EU-Staaten nach wie vor Gas aus Russland beziehen (s. u.). War die massive* ***Erhöhung der Energiepreise*** *seit dem 24. Februar 2022 also doch nichts anderes als ein Griff der Weltkonzerne in die Taschen der Bürger? Ganz zu schweigen von der Sanierungspflicht für Heizungen ... Welche Aufgabe hat ein Stadt-Oberhaupt ...?*

Und die nächsten Enteignungen stehen dicht vor unserer Nase: Bereits im Dezember 2019 war das sog. ***„Lastenausgleichsgesetz"*** *ergänzt worden, wobei der ursprüngliche Begriff „Kriegsopferfürsorge" durch „soziale Entschädigung" ersetzt worden war (s. u.). Wusste man also bereits Ende 2019, dass die Bürger ab 2024 massiv zur Kasse gebeten werden? Von einem Ulmer OB ist zu erwarten, dass er sich schützend vor seine Bürger stellt.*

Als viel zu hoch werden von den Bürgern auch die ***ÖPNV-Preise*** *empfunden, ebenso wie* ***Park-Entgelte****. An allen Ecken und Enden ist eine* ***mobilitätsfeindliche Einstellung*** *zu spüren, als „Mobilitätswende" verharmlost ... Bleiben deshalb so viele Baustellen so lange unbearbeitet – um es den Autofahrern zu verleiden? Was denn nun:*

Sind endlose Staus „umweltfreundlich" oder eher umweltschädlich? Und welch ein Schaden bedeutet das für den Mittelstand, speziell die ***Geschäfte in der Innenstadt*** *...?*

Damit sind wir beim „Klima" – dazu sollte künftig die Devise gelten: ***Umweltschutz ja, „Klima"-Kult nein****. Und wenn der Stadtrat tatsächlich beschlossen hat, dass Ulm „bis 2040 klimaneutral werden" soll, so ist keineswegs gesagt, dass dieser – umweltfreundliche oder umweltfeindliche? – Beschluss nicht doch noch bis 2039 rückgängig gemacht werden wird. Mir scheint, so wird es kommen. Denn immer mehr Menschen reaktivieren in unseren Tagen das Prozent-Rechnen aus der Schulzeit: Wie hoch ist der Anteil des* CO_2 *an der Atmosphäre? – > 0,04 %. / Wie viel davon ist tatsächlich von Menschen verursacht? – > 4 %. / Wie viel des* CO_2*, das auf unserem „Planeten" entsteht, ist von Deutschland aus überhaupt zu beeinflussen? – > 0,02 %*

Wer rechnen kann, kommt auf einen Anteil von 0,04 x 0,04 x 0,02 = 0,000032 %. Vor einer derart lächerlichen Zahl verblasst auch das Argument von der „Vorreiter-Rolle" Deutschlands; zumal auch die BRICS-Staaten, welche die überwiegende Mehrheit der Weltbevölkerung vereinen, aus den sog. „Vorgaben" der Weltkonzerne und demokratisch nicht legitimierten Institutionen wie WHO, UN, EU, WTO etc. längst ausgestiegen sind. ***Die Menschen werden sich diesen „Klima"-Unsinn schon bald nicht mehr gefallen lassen.*** *– Abgesehen davon, dass* CO_2 *von der Natur ... – wofür gebraucht wird ...? Richtig, für das* ***Wachstum der Pflanzen****.*

Wir brauchen, um menschenwürdig zu leben, also nicht weniger, sondern ***mehr*** CO_2*. Also hier meine Prognose: Die Bürger Ulms erkennen, dass wir alle mit „Klimaneutralität" und „Dekarbonisierung" schlichtweg hinters Licht geführt worden sind. Auch beim „Klima" ging nie um das Wohlergehen des Menschen ... – sondern darum, uns das wegzunehmen, was wir uns erarbeitet haben ...*

Noch sind viele tief verstrickt in die Mainstream-Narrative. Jeder kann sich ein Bild davon machen, was OB-Kandidaten auf Veranstaltungen sagen ... – ob und wieweit sie abhängig sind von dem, was von den Medien vorgedacht und vorgeschrieben wird. Und der Inhalt dieses Mainstreams ist meist klebrige Ideologie, wobei grün und rot sich vermischen ...
Doch – (s. u.) ist in Sicht; die Bürger entdecken ihre – insbesondere geistige – Unabhängigkeit von dem, was uns von Medien, Politik und Weltkonzernen aufgezwungen wurde. Politik, wie sie zuletzt betrieben wurde, ist an ihr Ende gelangt. Auch in Ulm werden die Menschen siegen. „Wer zu spät kommt ... – den bestraft das Leben.“

Kapitel 10

Zielscheibe der Konzern-Medien

Wie kann man erreichen, dass ein Mensch von Lesern mit Geringschätzung betrachtet wird? Eine der vielen Möglichkeiten sind Adjektive, die eingestreut werden. So druckte die Neu-Ulmer Zeitung am 7. November einen Beitrag ab mit dem Titel „Querdenker will Ulmer Oberbürgermeister werden", worin gleich im zweiten Satz festgehalten ist, der Kommunikationsberater habe sich „bei der Bundestagswahl 2021 **erfolglos** (Hervorhebung durch D.L.) um ein Mandat beworben".

Auch in der Überschrift wird sogleich die Schublade benannt, in die der Leser das folgende bitte einordnen möge. Natürlich werden solche Artikel auch gefüllt mit realitätsgetreuen Inhalten. So hieß es: „Schon seit längerem nehme er wahr, dass die Bevölkerung nicht ausreichend in demokratische Prozesse einbezogen werde, sagte Langhans unserer Redaktion. Dagegen wolle er sich im Sinn der Menschen einsetzen."

Doch schon im nächsten Satz heißt es weiter: „Angaben zu konkreten Ideen und Vorhaben machte der Mann ... nicht. Dazu wolle er sich aus Respekt vor dem Wahlprozess und den Menschen, die daran beteiligt sind, erst dann äußern, wenn er offiziell als Kandidat feststehe."

Der Eindruck, der beim Leser hängenbleibt: Der Kandidat behauptet was von nicht-demokratischen Prozessen im Land, aber auf Nachfrage bleibt er unkonkret. – Fakt ist jedoch, dass meine Kanäle auf Odysee, Bitchute und Youtube[95] wie auch auf telegram[96] nur so überquellen von Indizien, Belegen und Beweisen zu Demokratie-Defiziten und totalitären Prozessen und Strukturen.

Indes w äre es mehr als unklug gewesen, noch vor der entscheidenden Sitzung des Wahlausschusses zur Ulmer OB-Wahl am 7. November, bei der über die Zulassung überhaupt erst entschieden wurde, öffentlich Ziele und Inhalte für die Wahl zu nennen. Bemerkenswert an diesem Artikel erscheint übrigens der letzte Absatz:

„Am Montag, 13. November, stellen sich alle Bewerber von 19 Uhr an im Kornhaus vor. Nach einer kurzen Vorstellungsrunde sind Fragen aus dem Publikum möglich. Dabei soll es um die Stadt gehen, allgemeinpolitische Äußerungen sind verboten." – Oha ... – bitte genau hinschauen: Unverblümt handelt hier die Journaille von einem Rede-Verbot zu bestimmten Inhalten.

Dazu gleich an dieser Stelle mehrere Fragen: Wer bitte hätte das Recht, ein solches ‚Verbots'-Schild aufzustellen? Wer wollte zuordnen, was ‚allgemein-politische Äußerungen' sind, und was nicht ...? – Ja, deutet dieser letzte Absatz hin darauf, dass in den Redaktionsstuben schon mit den Zähnen geklappert wurde ... – angesichts dessen, dass unabhängige Kandidaten unbequeme Inhalte zur Sprache bringen könnten – welche die Dominanz der Mainstream-Medien in Frage stellen? Und wie – bitte – wollen die von globalen Konzernen bezahlten Journalisten verhindern, dass einzelne Kandidaten unbequeme Wahrheiten laut aussprechen? Wollen sie das Mikrofon abdrehen?

Der „Platzhirsch" in der Ulmer Region, überhaupt im Südwesten, ist die „Südwest-Presse". Folgt man den Angaben auf

---

95 https://odysee.com/@doktorlanghans:6?view=content // https://www.youtube.com/@doktorlanghans6539/videos // https://www.bitchute.com/channel/shBDtAE50UTu/

96 https://t.me/drdaniellanghans

wikipedia, dann ist die Auflage in den letzten 20 Jahren jährlich um 3 % gesunken, allein im Jahr 2023 hat sie 10 % an Lesern verloren.[97]

Am 16. November brachte die Südwest-Presse eine ganze Seite über meine Kandidatur. Darin wurde ich bereits in der Überschrift als „Verschwörungs-Ideologe" abgestempelt – Manipulationstechnik „Labeling". In dem Artikel wurde u. a. behauptet, ich würde in meinem Kanal „drdaniellanghans" auf telegram dazu auffordern, Politiker sollten standrechtlich erschossen (!) werden. Das war von mir bereits im Gespräch, bei der eine Zeugin zugegen war, zurückgewiesen worden – was den Redakteur freilich nicht hinderte, diese Falsch-Behauptung in seinem Artikel zu verwursten. Leider sollte dies, wie ich nicht ahnen konnte, später noch ein Nachspiel haben.

Dass es möglich ist, auch in derartigen „Mainstream-Medien" wie der Südwestpresse wahrheitsgemäß und vollständig zu Wort zu kommen, zeigt ein Interview, das auf derselben Seite dieser Zeitungsausgabe vom 16.November abgedruckt wurde. Der Text war im Vorfeld per email abgestimmt worden. So konnte ich sicher sein, dass in Geist und Buchstaben meine Intention gewahrt wurde. Hier ein Auszug:

„Welches Erlebnis aus Ihrer Schulzeit hat Sie nachhaltig geprägt?"

Das Fußballspielen mit einem Tennisball, nach Unterrichtsende auf dem Schulhof.

„Was nervt Sie am Wahlkampf am meisten?"

Wenn nur das thematisiert wird, was der Mainstream den Menschen verklickern will ; –)

---

97 https://de.wikipedia.org/wiki/S%C3%BCdwest_Presse#cite_note-8

„Sagen Sie über einen oder mehrere Ihrer Mitbewerber etwas Nettes."

Mir gefällt besonders, wenn jemand unabhängig ist und nicht in Partei-Schablonen denkt und redet … ; –)

„Mit welcher Eigenschaft gehen Sie Ihren Mitmenschen auf die Nerven …?"

Quer denken … – damit gehe ich offenbar besonders den Journalisten auf die Nerven … ; –)

„Welche Steuer finden Sie ungerecht?"

Ganz viele verschiedene Steuern … – insbesondere sind einige grundgesetzwidrig …

„In Ihren Reden sprechen Sie von einem ‚Weltregime', von einer ‚satanistischen Weltverschwörung', vom ‚Corona-Projekt', mit dem Bill Gates eine Bevölkerungsreduktion im Schilde führe. Sind Sie ein ängstlicher Mensch?"

Wer ängstlich ist, wird sich kaum auf die Straße stellen und reden, oder …?

Der weitaus größere Teil dieser ganzen Zeitungsseite über meine Person war die „freie" Wiedergabe eines Gesprächs, das ich mit dem Redakteur am voraufgegangenen Montag geführt hatte.[98] Warum setze ich hier das Wort „freie" in Anführungszeichen? Weil im folgenden unmittelbar deutlich wird, dass es sich bei dieser Art von „Freiheit" um etwas ganz anderes handelt – nämlich um Willkür. – Bereits in der Einleitung wird deutlich, dass es in dem Beitrag tendenziös zugeht:

98 https://www.swp.de/lokales/ulm/ob-wahl-in-ulm-kandidat-daniel-langhans_-der- verschwoerungs-ideologe-72265891.html

„Er wähnt sich in ‚totalitären Strukturen', verachtet deutsche Politiker und fühlt sich als Opfer einer Weltverschwörung. Dennoch will Daniel Langhans Oberbürgermeister in Ulm werden."

Allein aus diesen wenigen Worten kann man schon eine Vielzahl an Strategien und Techniken ablesen:

- Implikatur: „Dennoch will ..." – Nicht ausdrücklich gesagt, aber dem Leser suggeriert wird: Wenn das alles, was hier schon in den einleitenden Worten steht, auf ihn zutrifft, dann ist sein Ziel, Oberbürgermeister zu werden, völlig unrealistisch ... Und wenn der Bürger diesen Widerspruch nicht von sich aus erkennt, dann werden wir Medien dabei schon entsprechend nachhelfen ... Die Manipulationstechnik besteht darin, das Entscheidende (der konstruierte Widerspruch) nicht offen in Worte zu fassen und ihn dadurch – gleichzeitig ! – in der Wirkung umso entschiedener zu zementieren ...
- Agenda Setting: Diese Manipulationstechnik bezieht sich auf das „Wie" der Vermittlung von Inhalten. Die Worte „wähnt sich" bringen – implizit, aber klar – auf den Punkt, dass es sich bei dem entsprechenden Thema um einen Irrtum, mehr noch: um eine Wahn-Vorstellung handelt. Die damit verbundene Nebenwirkung könnte man umgangssprachlich etwa wie folgt ausdrücken: „Der hat sie doch nicht alle!" Gleichzeitig wird der Effekt erzielt, dass man sich mit den Argumenten und Belegen, die der Gesprächspartner anführt, gar nicht weiter befassen braucht. Man würde ja auch nicht einem Weg blindlings folgen, der von einem psychisch verwirrten Menschen als der richtige angegeben wird ...
- Implikatur: Analog findet eine inhaltliche Verschiebung statt, die Frage, ob die vom Interview-Partner (oder sollten wir nicht zutreffend sagen, „-Opfer"?) behaupteten Inhalte mit der Realität

übereinstimmen, wird ausgeblendet und das Augenmerk stattdessen auf die emotionale Ebene gelenkt: „fühlt sich" bedeutet hier, etwas hemdsärmeliger ausgesprochen: „Der Bedauernswerte leidet unter Negativ-Gefühlen". Dabei erscheint substanziell, gleichzeitig festzuhalten: Solcherart – ungeheuerliche – Behauptungen werden nicht ausgesprochen, wohl aber im Kopf des Lesers als vermeintliche Erkenntnis hervorgerufen.

- Auch der Begriff „Weltverschwörung" verdient Aufmerksamkeit. Er lenkt ab von der erdrückenden Fülle von Indizien, Belegen und Beweisen, die in fast allen meiner Reden seit April 2020[99] enthalten sind und die in der Regel „Ross und Reiter" beim Namen nennen. Genau diese Namen von Personen und Institutionen werden in der Wiedergabe dessen, was im persönlichen Gespräch besprochen worden war, einfach weggelassen. Nach dem Motto „was wichtig ist, bestimmen wir" (Agenda-Setting also) heißt es nur „Weltverschwörung" – statt, um eine Beispielformulierung zu wählen, von „Geheimabsprachen der Sekte um Klaus Schwab" zu reden.
- Labeling und Wiederholung (in diesem Fall: des Labelings). Das ist eine der wichtigsten Manipulationstechniken, die den Redakteuren überhaupt zur Verfügung stehen. Das Etikett „Verschwörungsideologe" stellt eine Steigerung dar; der Begriff Querdenker, der ja – bedingt durch die permanente Wiederholung der Manipulationstechnik „Assoziation" – seit Jahren so platziert wurde, dass der Leser unwillkürlich weitere Abwertungen mitliest („Verschwörungstheoretiker", „Rechter", „Nazi", „Schwurbler" u. v. a. m.) erfährt durch diese Wort-Kreation

99 Nahezu vollständig dokumentiert sind meine öffentlichen Ansprachen auf der Plattform Odysee: https://odysee.com/@doktorlanghans:6?view=content

nochmals eine Steigerung. Dieses – besondere – Etikett wird bei den Bürgerrechts-Initiativen wie „Querdenken“, „Klardenken“ usw nur wenigen Auserwählten zuerkannt, stellt also eine Art „Ritterschlag“ dar, wie einer unserer Freunde nach der Lektüre dieser Überschrift schmunzelnd anmerkte[100].

- Unbelegte Behauptungen: Das ist eine weitere Manipulationstechnik, die – allein in diesen zweieinhalb Zeilen – Anwendung findet. Es wird behauptet, der Gesprächspartner, der nachstehend porträtiert wird, „verachte“ die Politiker. Davon war in dem Gespräch, das die Basis für diesen Beitrag bildete, keine Rede gewesen. Wohl aber hatte ich die Politiker als „Polit-Marionetten“, die lediglich die „Vorgaben von oben“ (also insbesondere der globalistischen Organisationen und Kommandeure wie Klaus Schwab, Bill Gates u. v. a. m.) umsetzen, wegen ihres Tuns hart kritisiert. Doch das Tun eines Menschen kritisieren heißt keineswegs ihn als Person „verachten“[101].

Ein weiterer – in diesem Fall: schwerwiegender – Missgriff lässt sich ebenfalls dem Bereich „Unbelegte Behauptungen“ zuweisen: Stattgefunden hatte jenes Gespräch in einem Ulmer Café. Dort war ich von dem Redakteur gefragt worden, warum ich in meinem Telegram-Kanal dazu aufrufen würde, Politiker „standrechtlich erschießen“ zu lassen.

Meine Entgegnung – unter Anwesenheit einer persönlichen Vertrauten als Zeugin[102] – war die sofortige Zurückweisung dieser

100 persönliche Mitteilung an den Verfasser, via „telegram“-Messenger.

101 Zu meinem Menschenbild, das ich in öffentlichen Beiträgen gern als „unser Menschenbild“ kennzeichne, vgl. die Ausführungen am 9.12.2023 in Reutlingen; und außerdem den Band 4 in dieser Reihe „Fröhlich im Widerstand“.

102 Auch Ton-Dokumente gibt es von diesem Gespräch am 13.11.2023.

Frage. In der Tat hielt ich es für ausgeschlossen, dass auf meinem Telegram-Kanal ein derartiger Aufruf, der ja auch strafrechtlich relevant wäre, oder auch nur vorübergehend einmal platziert gewesen sei. Dass er dann, sozusagen aus seiner eigenen Frage, in seinem Artikel gleichwohl eine entsprechende – man muss es so sagen: verleumderische – Behauptung fabrizierte, ist in der Tat ein starkes Stück. Da gibt es weitaus elegantere, weil unauffälligere Manipulationstechniken, wie wir gesehen haben.[103]

Auf eine ausführliche Analyse dieses Südwestpresse-Beitrags sei hier verzichtet. Immerhin lernten wir daraus für unsere Widerstandsbewegung etwas, das uns sechs Monate später nützlich[104] werden sollte. Die Regel an die Bürgerrechtler lautet seither: Wenn Du interviewt wirst, dann bestehe darauf, dass Deine Worte 1:1 so abgedruckt bzw. gesendet werden ...

103 Die Problematik um diese – frei erfundene – Nachricht „standrechtlich erschießen“ hat sich im Nachhinein als besonders unangenehm erwiesen, da es ja von einer direkten Mitbewerberin aufgegriffen worden und am 20.11.2023 den mehr als 200 Anwesenden im Saal als angebliche Wahrheit verkündet worden war (s.u.).

104 Es geht um den Umgang mit Journalisten-Anfragen; siehe dazu Band 2 dieser Reihe: „In den Fängen der Polit-Justiz“

Kapitel 11

Ein emotional-stürmischer Abend

Kommen wir nun zum Abend des 13. November. Die Stadt Ulm hatte ins Kornhaus eingeladen, wo mehr als 500 Teilnehmer Platz finden können. Geladen waren die fünf Kandidaten für das Amt des Oberbürgermeisters; die Leitung der Veranstaltung lag bei Dr. Martin Bendel, einem der weiteren Bürgermeister. Die Dramaturgie sah vor, dass zunächst jeder der Kandidaten zehn Minuten am Stück seine Vorstellung machen werde; anschließend war eine Podiumsrunde mit Fragen aus dem Publikum vorgesehen. Als ich am Podium stand und zu meiner freien Rede ansetzte, kam es zu einem für die meisten wohl unerwarteten Zwischenfall:

Verehrte Damen, mein Herren, ich danke, dass Sie so zahlreich gekommen sind, und lassen Sie mich mit einem Einstieg ganz anderer Art …

In diesem Augenblick setzte eine Störaktion von jungen Leuten ein, die möglicherweise der (Fake-)Antifa-Szene[105] zuzurechnen sind, sie entrollten ein Transparent und skandierten etwas von „AfD"; wobei ich als parteiunabhängiger Kandidat im ersten Moment tatsächlich nicht zu erkennen vermochte, wer das Ziel dieser Proteste war. Doch sogleich wurde mir klar, dass es offenbar nur darum ging a) meine Person in den Augen der Anwesenden her-

105 Tatsächliche „Antifaschisten" sind in meinen Augen nur diejenigen, die sich für Freiheit und die Grundrechte aller Menschen einsetzen und anderen Menschen ihr Recht auf die Äußerung ihrer eigenen Meinung zugestehen; und die sich insbesondere jeglichen staatlichen Versuchen der Macht-Bündelung (lat. „fasces" = Bündel) widersetzen.

abzusetzen und b) mir kostbare Zeit meiner Vorstellung zu stehlen – von den 10 Minuten, die jedem Kandidaten zur Verfügung standen und die jeweils mit einem Gong eingeleitet und beendet wurden.

Der Versammlungsleiter zeigte sich überrascht und sagte durch das Mikrofon diese Worte an die Störer: „Verlassen Sie bitte das Haus!“ Man sieht in dieser Video-Einstellung[106], wie er aufsteht, um sich sogleich für einen störungsfreien Ablauf der Veranstaltung einzusetzen. Und in der Tat war – dank des Eingreifen des (soll ich es so bezeichnen?) Saal-Schutzes der Spuk zwar recht schnell wieder beendet, doch diesen Muster-Demokraten war die beabsichtigte Wirkung nicht mehr zu nehmen; und in der Tat wurde der Vorfall in lokalen Medien später genutzt, um gegen den unabhängigen Kandidaten aus der außerparlamentarischen Opposition Stimmung zu machen:

„Für tumultartige Szenen sorgte der Auftritt von Daniel Langhans, der ebenfalls für das Amt des Oberbürgermeisters kandidiert und der Querdenker-Szene nahesteht. Einige Demonstranten verteilten Flugblätter, um auf die Gesinnung von Langhans hinzuweisen und hielten ein Banner hoch. Sie wurden von Ordnern aus dem Saal geführt.“[107]

Langsam ..., was war geschehen? – Es haben Störer der Versammlung[108] im Saal lautstark das Wort ergriffen und unbefugt in den Ablauf einer Veranstaltung eingegriffen. Dabei ist ein Redner

106 https://crowdbunker.com/v/JDnEZp6G

107 https://www.regio-tv.de/mediathek/video/tumult-bei-ob-kandidaten vorstellung/ // Sicherungskopie: https://odysee.com/@doktorlanghans:6/ Tumult-bei-OB- Kandidaten vorstellung%C2%A0%C2%A0---Regio-TV:3

108 Ob es sich um Stören einer Versammlung gemäß § 21 Versammlungsgesetz handelt, wäre im einzelnen zu prüfen.

persönlich diskreditiert worden. Und in der Redaktionsstube wird so etwas – wir können voraussetzen: mit süffisantem Grinsen – als „tumultartige Szene" beschrieben. Schon die Einleitung dieser Passage („für tumultartige Szenen sorgte") suggeriert – so, als habe dies der solcherart übel Beleumundete noch selbst zu verantworten.

Aus dem Zusammenhang gerissene Zitate auf einem Zettel werden in diesem Beitrag schlicht als „Flugblätter" bezeichnet. Besonders perfide ist die Benutzung des Wortes „nahesteht". Damit wird ein psychologischer Effekt erzielt, den Holger Schmitt in seiner lesenswerten Analyse medialer Manipulationstechniken[109] wie folgt beschreibt:

„Man unterstellt jemandem eine *Nähe* zu jemand Stigmatisiertem, schreibt ihn einem *Umfeld* zu oder behauptet, er sei ein *Scharnier* (oder hätte eine Scharnierfunktion) zu etwas Bösem."

Auch in der Neu-Ulmer Zeitung wurde der Vorfall zum Anlass genommen, um – in einem Beitrag[110] am Donnerstag vor dem Wahltag, mit dem die Leser sozusagen in die Wahlkabine geschickt wurden – noch einmal Stimmung gegen mich zu machen. Ja, genau mit diesen Worten trifft es die Realität. Oder was ist zu halten von solchen Ausführungen:

„Auf den letzten Drücker reichte Querdenker Daniel Langhans ... seine Bewerbungsunterlagen ein. Als sich die Kandidaten im Kornhaus präsentierten, sprach er über den Krieg in der Ukraine, über Verschwörungstheorien und darüber, dass Geflüchtete eine ‚andere Art Menschen' darstellten. Als er sich vorstellte, riefen zwei Aktivisten: ‚Ob Querdenker oder

109 Holger Schmitt, Von „Rechtsextremisten" und „Verschwörungsideologen". Wie Medien aus Andersdenkenden Feindbilder machen (Uhingen 2024), S. 50

110 Sebastian Mayr, Ulm wählt neuen OB, in: Neu-Ulmer Zeitung vom 30.11.2023

AfD, Schluss mit der Hetze in der BRD!‘ Eine Frau verteilte ein Flugblatt, auf dem fragwürdige Aussagen des Mannes aufgeführt waren, der bereits bei der Bundestagswahl erfolglos angetreten war und den das Amtsgericht Hannover nach Aussagen auf einer Corona-Demo wegen Belohnung und Billigung von Straftaten verwarnt[111] hatte.“

Schon heftig, oder? – In so einem Absatz sitzt jedes Wort an der dafür vorgesehenen Stelle. Welche manipulativen Strategien und Techniken erkennen wir:?

- das Labeling inkl. Wiederholung („Querdenker“)
- die Verwendung des pejorativen Adjektivs („erfolglos“)
- die gezielte Missdeutung von Original-Zitaten („von anderer Art“ war am 13.11. wörtlich gesagt worden, und nichts spricht dafür, diese Worte als Herabwürdigung anderer Menschen zu interpretieren)
- unbelegte Behauptungen („sprach ... über Verschwörungstheorien“)
- Assoziation (die Herstellung einer Verbindung zur AfD, exakt wie die Saal-Störer am 13.11.)
- Abwertung („auf den letzten Drücker“)

---

111 Michael Kroha schrieb drei Tage, nachdem ich am 14. Mai 2022 auf dem Opernplatz in Hannover grundgesetzwidrig daran gehindert worden war, meine Rede über die Ursachen und Ziele des Ukraine-Konflikts und (dazu kam ich nicht mehr ...) über die Verflechtung dieses Konflikts mit den Zielen und Operationen der Globalisten zu beenden, indem „Polizei“-Einsatzkräfte mich von der Bühne abführten, – ohne mich vorher zu fragen – einen fünfspaltigen Artikel zu diesem Vorfall: „Eklat um Daniel Langhans nach Ukraine-Äußerung bei Demo“, in: Neu-Ulmer Zeitung vom 17.5.2022. – Mehr über die am 30.3.2023 dazu erfolgte Entscheidung des Amtsgerichts Hannover sowie über die sofort eingelegte Berufung, welche ja diese Gerichtsentscheidung ungültig macht, in Band 2 dieser Reihe „Fröhlich im Widerstand“.

Wie mag es dem Verfasser eines solchen Beitrags damit rückblickend gehen? Oder war der Beitrag ursprünglich mit anderen Schattierungen verfasst und der Autor hatte auf die finale Version gar keinen Einfluss mehr? – Wie fühlt man sich, wenn man sieht, wie – rund um uns herum – ein „Narrativ" um das andere wie ein Kartenhaus in sich zusammenstürzt ... – und das, was gestern noch „Verschwörungstheorie" war, sich heute schon als zutreffende Beschreibung der (Verschwörungs-)Realität erweist, ja – dass die Differenz zwischen der „Theorie" und der Realität, je nach Themenfeld, nur wenige Jahre oder gar Monate beträgt?

Doch wenden wir uns nun der Rede und dem weiteren Verlauf dieses Abends, der als „Sternstunde der Meinungslenkung" apostrophiert werden könnte ... Denn, wie wir gleich sehen, hatte auch der Leiter der Veranstaltung seinen gehörigen Anteil an den Deftigkeiten, ja Frechheiten. Ich fuhr fort:

Ja, damit haben wir wohl alle nicht gerechnet ... – dass es eine solche Störung der Versammlung geben wird ... (und als es ruhiger wurde): Immerhin, diese jungen Menschen, die jetzt diese Aktion durchgeführt haben, haben auf ihre Weise ihre Meinung kund getan. Und ich möchte das wie folgt kommentieren: Ich achte jede andere Meinung, und ich denke, das ist die Grundlage unserer Demokratie, dass wir alle einander achten. (Beifall)

Lassen Sie mich beginnen mit ein paar Zeilen – aus aktuellem Anlass. Ich zitiere aus dem Lied „Es ist an der Zeit":

„Soldat, gingst Du gläubig und gern in den Tod?
Oder hast Du verzweifelt, verbittert, verroht
Deinen wirklichen Feind nicht erkannt bis zum Schluss?
Ich hoffe, es traf Dich ein sauberer Schuss.
Oder hat ein Geschoss Dir die Glieder zerfetzt?
Hast Du nach Deiner Mutter geschrien bis zuletzt?

Bist Du auf Deinen Beinstümpfen weiter gerannt?
Und Dein Grab: Birgt es mehr als ein Bein, eine Hand?
Ja, auch Dich haben sie schon genauso belogen,
so wie sie es mit uns heute immer noch tun.
Und Du hast ihnen alles gegeben,
Deine Kraft, Deine Jugend – Dein Leben."

Zitat Ende. Von Konstantin Wecker[112]*. Das Lied stammt aus dem Jahr 1980, und es wurde frisch eingesungen von Herrn Wecker und Reinhard Mey. (Zwischenruf, nicht verstehbar) Und ich denke, es hat einen Grund ..., warum wir mit diesem Einstieg jetzt beginnen – obwohl es meine Zeit kostet. Während wir hier sitzen, sterben Menschen, sterben Kinder. Und da ist es die allerwichtigste Aufgabe, wie mir scheint, dass wir die Waffen zum Schweigen bringen!*[113]

Und wenn ein Bundeskanzler sich gegen einen sofortigen Waffenstillstand ausspricht, dann ist das ein Skandal, und dann muss dieser Ruf auch von Ulm ausgehen, dass wir sofort die Waffen zum Schweigen bringen! (Lebhafter Beifall von einigen Zuhörern)

Es ist doch so, meine Damen, meine Herren, dass von den Kriegen immer dieselben Kreise profitiert haben, oder wie sehen Sie das? (Zwischenruf, nicht verstehbar) – Es sind immer dieselben Kreise, die die Kriege (Zwischenruf, nicht verstehbar) anzetteln und die die Kriege auch durchführen; die beide Seiten finanzieren. Und deshalb ist es

---

112 In der Hektik war ein falscher Name herausgerutscht. Das Lied stammt von Hannes Wader: https://deutschelieder.wordpress.com/2017/08/14/hannes-wader-es-ist-an-der-zeit/

113 Noch beim Niederschreiben dieser Zeilen und der Vergegenwärtigung der Atmosphäre im Saal befällt mich stummes Entsetzen. – Warum ist es so sehr schwer zu erreichen, dass Menschen zuhören wollen – wenn es darum geht, wer ihr „wirklicher Feind" ist? Denn nur das war mein Ziel an jenem Abend.

wichtig, dass wir einen klaren Kopf behalten. Und dies bedeutet, dass wir uns nicht voreilig auf eine Seite schlagen!

Und ich denke, jeder Mensch hat seine Perspektive auf die Wirklichkeit, und das ist auch die Basis unserer Demokratie: Dass jeder seine Perspektive behalten darf! (Versuch, ein feindliches, gegen den Redner gerichtetes Klatschen anzustimmen, scheitert) Und dass er diese auch äußern darf!

In diesem Moment wurde die Rede von Bürgermeister Dr. Martin Bendel unterbrochen: „Herr Doktor Langhans, beziehen Sie sich bitte auf die Oberbürgermeisterwahl in Ulm, und nicht auf Allgemeinpolitisches!"

Noch bevor ich antworten konnte setzte ein feindseliges, langanhaltendes Klatschen durch die offenkundige Mehrheit der Anwesenden im Raum ein. Wir erinnern uns dazu an ein Wort, das – übrigens zu Unrecht[114] – Voltaire zugeschrieben wird: „Ich missbillige, was du sagst, aber ich werde bis zum Tod dein Recht verteidigen, es zu sagen."

Müßig erscheint es die Frage zu stellen, welche der vielen Klatscher auch bereit wären, ihr Leben zu geben für die Rede-Freiheit eines Kandidaten, dem sie nicht einmal zuhören wollten ... – In diesem Moment ließ ich die zahlreichen „Demokratie-Freunde" im Saal ruhig zu Ende klatschen, die mir so die ohnehin schon verkürzte Rede-Zeit stahlen. Dann wandte ich mich direkt an den Herrn Bürgermeister Dr. Bendel:

Wir haben ja noch genug Zeit an dem Abend (noch immer geht das Klatschen weiter), und ich gehe davon aus, dass Sie den Beifall am Ende von der Redezeit abziehen werden. (Dr. Bendel signalisiert

---

114 https://tapferimnirgendwo.com/2015/10/29/dieser-satz-ist-nicht-von-voltaire/

Nicht-Zustimmung ...) Denn das ist ja nicht von mir zu verantworten. Ich nehme nur wahr, bei Menschen im Raum – dass sie in ihrer Geduld begrenzt sind (Lachen im Raum). Und deshalb werde ich ... (noch immer Unruhe) und deshalb werde ich ... jetzt sehr deutlich sagen, warum ich mich beworben habe für dieses Amt . Und alles, lieber Herr Bendel, hängt miteinander zusammen! Und wenn Sie mich nicht unterbrochen hätten, wäre ich mit meiner Rede schon ein ganzes Stück weiter! (Lachen, erneuter feindlicher Beifall)

Es gibt verschiedene Punkte. Zum einen trete ich ein für die Demokratie – das ist ja sehr deutlich geworden, auch in meinen ersten Worten. Und das ist es, was mich dazu gebracht hat, für die Grundrechte auf die Straße zu gehen (endlich wird es ruhiger im Saal). Und es wird dabei auch immer ein Begriff verwendet, der heißt ‚Querdenker'. Und dazu möchte ich Sie fragen: Was ist ein Querdenker? Ist das jemand, der etwas Böses im Schilde führt, oder ist das jemand, der über neue Lösungen nachdenkt?

Als zweites verstehe ich mich. Und wir setzen uns ein – wir Menschen, die auf die Straße gehen – für die Rechte aller Menschen in diesem Land. Können Sie verstehen, dass es als verletzend wahrgenommen wird wenn über uns etwas geschrieben wird, was nicht zustimmt (gemeint: ‚zutrifft')? Meine Motive, mich für dieses Amt zu bewerben, sind auf einen einzigen Satz zu bringen: Ich möchte einen Beitrag dazu leisten, dass die Menschen entscheiden, was getan wird.

Ich habe auf der Straße im Vorfeld dieser Bewerbung Gespräche geführt, sehr viele Gespräche. Und dabei kamen viele Themen zur Sprache, die auch meine Vorredner schon erwähnt haben. Eine Szene kommt mir besonders in den Sinn, nämlich das ist die Hand, die ich gegeben habe einem Menschen, der ... seine Hand kurz vorher in einem städtischen Mülleimer hatte. Dieser Mann hat mit mir gesprochen, und mich bringt das dazu zu fragen, ob wir in diesem Land, in dieser Stadt auf der richtigen Spur sind, wenn Menschen aus dem

Mülleimer Flaschen sammeln müssen, während andere Menschen von anderer Art unterstützt werden mit sehr hohen Beträgen (schon wieder kommt Unruhe im Raum auf). Das sind Fragen, die ich mir stelle, wenn Menschen jahrzehntelang gearbeitet haben.

Und um dies zu thematisieren, bin ich angetreten. Wir haben auch gesprochen über die Vielzahl der Baustellen in dieser Stadt. Und das ist etwas, das die Menschen sehr mitnimmt; was auch Staus verursacht, die umweltschädlich sind; und was auch die Geschäfte in der Innenstadt beeinträchtigt. Die Geschäfte in der Innenstadt leben davon, dass die Menschen zu ihnen kommen können. Und ich habe wahrgenommen in der Stadt, von vielen Menschen, dass es mehr Radwege geben soll. Ich habe wahrgenommen, dass sich in Ulm die Architektur verändert hat; dass der Aspekt der Schönheit der Architektur in den Hintergrund getreten ist, in den letzten Jahrzehnten. Darüber sprechen die Menschen; sie sprechen auch darüber, dass sie sich abends nicht mehr sicher fühlen in der Stadt.

Das sind lauter Themen, die ich wahrgenommen habe, und die ich dann, sollte mir die Verantwortung übergeben werden, auch artikulieren und einbringen werde – wobei ich nicht die Erwartung habe, dass der Oberbürgermeister allein entscheidet. Was ich nicht gehört habe von den Menschen – von keinem einzigen der vielleicht zweihundert, mit denen ich gesprochen habe – (der Gong ertönt) ist das Wort ‚Klima'. Dieses Wort habe ich nicht gehört. (Erneut setzt das feindliche Klatschen einiger Zuhörer im Raum ein).

Wieder unterbricht der Leiter der Veranstaltung: „Ihre Redezeit ist jetzt beendet, kommen Sie bitte zum Ende!"

Gerne, ich komme zum Ende. Meine Erwartung ist die, ich frage Sie alle hier im Raum: Sollte es sich zeigen, dass tatsächlich CO_2 keinen Giftstoff darstellt, sondern dass CO_2 lebenswichtig ist, dass wir alle CO_2 brauchen (wieder kommt Unruhe auf) – würde das bedeuten, *dass Sie ... (erneut kommt es zu feindseligen Zwischenrufen, der Redner bricht den Gedanken ab und hebt die Stimme:)*

Was haben Sie für ein Demokratie-Verständnis, wenn Sie jetzt so reagieren? Können Sie den Redner ausreden lassen, ohne Ihr Missfallen zu äußern? Ist das möglich?

Oder wollen wir auf diese Weise miteinander umgehen? Ich frage Sie nur. Ich frage die Menschen, die jetzt diese Art und Weise hier praktizieren. Wir sind Demokraten, und wir sollten einander achten und mit Respekt begegnen. Dankeschön. (Beifall im Raum)

Uiuiui ... Das war heftig und triggert noch beim Niederschreiben. Ein Kommentar ist da eigentlich überflüssig. Der Abend wird jedenfalls in der Demokratie-Geschichte Ulms keinen herausragenden Platz einnehmen ...

Im zweiten Teil der Veranstaltung kam es zu den angekündigten Publikums-Fragen an die Kandidaten. Ein junger Mann vom Eselsberg stellte die Frage: „Wir haben gestern bei der Oberbürgermeisterwahl in Blaustein gesehen: Eine Wahl-Beteiligung von 28 % und nur einen Kandidaten. Und das hat, finde ich, gezeigt: Demokratie-Verdrossenheit, Politik-Verdrossenheit ist nicht weit weg. Deshalb meine Frage: Was wollen Sie als Oberbürgermeister ... konkret tun ..., um politisches Engagement, vor allem auch bei Jugendlichen, zu stärken und zu verhindern, dass wir irgendwann in Ulm in so eine Situation kommen wie jetzt in Blaustein?“ Als die Reihe an mich kam, darauf zu antworten, sagte ich:

Ich danke ausdrücklich für diese Frage, und zwar, weil – das sage ich jetzt mal ganz ungeschützt – es eine Leistung allein schon darstellt, wenn sich jemand zur Wahl stellt. Denn diejenigen vier von uns, die es dann nicht werden, haben sehr viel Zeit und auch Mittel investiert, und ich finde, das verdient Respekt. Und wenn es jemand nicht geschafft hat, dann ist es nicht in Ordnung, wenn dann in den Medien das Adjektiv ‚erfolglos beworben‘ damit kombiniert wird. Das ist abfällig, und ich denke, jeder, der sich bewirbt, sollte geschätzt werden – wegen seines demokratischen Geistes.

Das ist exakt meine Beobachtung: Wenn wir Menschen in unserem Umfeld fragen ‚Fühlst Du Dich von der Politik vertreten?', dann ist die Antwort in neun von zehn Fällen: ‚Hör mir bloß damit auf!' Und das ist die Situation in unserem Land, und deshalb finde ich die Frage so wichtig. Wir sollten uns kümmern um die Ursachen dessen, was da eigentlich an Politik-Verdrossenheit – um dieses abgegriffene Wort mal zu benutzen – im Land existiert. Ich erinnere mich, vor Jahren haben wir auch schon über ‚Politik-Verdrossenheit' gesprochen. Es hat aber spezifische Ursachen in unserer Zeit – und über die sollten wir nachdenken.

Und jetzt der dritte Punkt von mir, zu dem Thema: Partizipation, gerade von jungen Menschen, sollte ganz gezielt auch Thema sein von kreativen Wettbewerben, kreativen Ideen. Wir sollten auf die Schulen, Universitäten zugehen. Da gibt es eine Fülle von Möglichkeiten, die wir haben. Von daher danke noch mal.

Eine besondere Vorlage lieferte diese Frage: „Mein Name ist Wolfram Schneider, ich bin Ulmer Unternehmer Wer von den Kandidaten ist so mutig, sich von der Bundes-Politik, die ich (...) als mehr als schädlich empfinde, zu distanzieren und eine Politik für Ulm zu machen, also a) für die Ulmer Bevölkerung und b) für die Unternehmer."

Als erster war es an Martin Ansbacher zu antworten. Mit leichter Nervosität – erkennbar daran, dass er sogar in die moderierenden Worte von Dr. Martin Bendel hineinfunkte – antwortete er: „Ja, wer hätte das gedacht, dass ich diese Frage beantworten darf! – Nein, also es geht immer um Ulm. Und da geht es nicht um Parteipolitik. Ich bin vorher beispielsweise gefragt worden, was ich von Kürzungen bei den Freiwilligen halte usf und was da beschlossen worden ist. Also, erstens haben wir alle eine eigene Meinung, zweitens geht`s am Schluss immer um Ulm und nicht um Parteipolitik. Also, da brauchen Sie bei mir keine Angst haben, dass man sich nicht gegen irgendwas stellt, was nicht richtig ist." (Beifall)

Als nächster war ich an der Reihe:

Ja, als parteiloser Kandidat, der ich bin, habe ich die charmante Situation, dass ich recht distanziert auf diese Bundes-Politik schauen kann. Und ich beobachte halt (Martin Ansbacher fasst sich an die Nase; mein linker Arm geht nach oben[115]), dass sehr viel von dieser Bundes-Regierung (der Arm fährt herunter) einfach runtergebrochen wird auf die Kommune Ulm.

Und ich bin genau aus dem Grund angetreten, das habe ich auch schon verschiedenen Medien gesagt, dass genau dieser Mechanismus (wieder fährt die linke Hand von oben nach unten) – Vorgaben von oben einfach unkritisch umzusetzen, in der Zukunft in Frage gestellt wird; und dass mehr danach gehandelt wird, was Menschen in Ulm selber wollen, damit die Selbstbestimmung und die Souveränität der Menschen hier in Ulm gestärkt wird. Das ist meine Position zu der Frage (Beifall).

Als aus dem Publikum die Frage gestellt wurde, was die Kandidaten tun wollen, „damit wir in Ulm eine bezahlbare und vor allem auch zuverlässige Kinderbetreuung in Ulm haben", war es an mir, die erste Antwort zu geben:

Ja ... Das ist eine Frage, die verschiedene Aspekte hat; nämlich die Frage stellt sich: Welche Gesellschaft wollen wir sein? Wollen wir eine Gesellschaft sein, in der die Kinder so früh wie möglich – in so großer Zahl wie möglich – in fremde Hände gegeben werden? (Unruhe kommt auf im Saal, Martin Ansbacher schmunzelt) Das ist meine Art der Antwort, die ich jetzt darauf gebe. Dankeschön.

---

115 Die Körpersprache ist ablesbar an der Video-Aufzeichnung der Veranstaltung.

Uff ..., hieße es bei Karl Mays „Winnetou“ an dieser Stelle ... – Gerade soeben noch war eine – von vielen im Saal erhoffte – Bloßstellung vermieden worden. Man vermag sich gar nicht auszudenken, was geschehen wäre, wenn der unabhängige – auch vom „Zeitgeist“ losgelöste – Kandidat sich hätte hinreißen lassen, die Kategorien und Denkvorstellungen der seit fünf Jahrzehnten üblichen „Rollen“-Debatte – die ja nur eine Vorhut der totalen/ totalitären Infragestellung der menschlichen Identität war, wie wir heute wissen – in Frage zu stellen ...

Bald kam es erneut zu einer heiklen Situation. Es sagte jemand vom Kuhberg: „Einer der am stärksten wachsenden Zweige ist die Rüstungsindustrie. Da werden auch gerade 100 Milliarden verbraten, und meine Frage ist: Welche Chance sehen Sie, da was abzubekommen, oder überhaupt: Äußern Sie sich mal zu Ulm als Rüstungs-Standort!“ – Es äußerten sich Frau Schwelling, Gunter Czisch und Martin Ansbacher. Dann begann ich, mit einem Vorspann:

Ja, ich habe mich ja bislang recht kurz gehalten bei meinen Antworten, und deshalb gestatten Sie, dass ich jetzt eine etwas umfassendere Antwort gebe.

„Aber bitte trotzdem innerhalb der Zeit!“, meinte in diesem Moment der Moderator sagen zu müssen. – Was war das denn? Warum wurde einer der unabhängigen Kandidaten, gegenüber dem sich der Moderator ohnehin schon unfair verhalten hatte (s.o.) – in diesem Augenblick zurechtgewiesen?

Auch rückblickend denke ich, eine passende Reaktion gezeigt zu haben:

(kurze Pause)

Ich kann`s auch lassen.

„Nicht mehr wie zwei Minuten", entgegnete er.

Herr Bendel, ich kann`s auch lassen! – Wenn Sie mich schon ermahnen, bevor ich überhaupt angefangen habe, dann kann ich`s auch lassen.

(kurze Pause)

Kann ich jetzt in Ruhe sprechen?

„Natürlich – in zwei Minuten."

Ohne dass Sie mich ermahnen, jetzt – oder irgendetwas in der Richtung? Verstehen Sie, Herr Bendel: Die Art und Weise, wie Sie das hier moderieren, ist nicht in Ordnung.

„Ich wollte Sie nur auf die Spielregeln hinweisen. Jetzt haben Sie das Wort."

Krass ... Beinahe wäre die Situation – noch weiter – eskaliert. In diesem Moment zog ich es vor, das Techtelmechtel zu beenden und mich dem Inhalt meiner Antwort zuzuwenden; was anspruchsvoll genug ist, wenn man auf diese Weise – massiv – gestört wird:

Sie sehen mit mir jemanden, der tatsächlich 40 Jahre lang (im Video ist zu sehen, wie Martin Ansbacher sich zurückbeugt; fast knallt er mit dem Rücken gegen seine Stuhllehne ...;) geglaubt hat, dass die NATO die größte Friedensbewegung der Welt ist. Ich habe das 40 Jahre lang geglaubt, Und es kam der Zeitpunkt, da ich diese meine Meinung revidieren musste (wieder fasst sich Martin Ansbacher an die Nase ...) – aufgrund von neuen Informationen, die so substanziell waren, dass ich gesagt habe: Da musst du deine Ansicht ändern – ich sehe manche von Ihnen nicken. Und das ist es, was ich Ihnen zurufen möchte:

Bitte denken Sie alle darüber nach, wer Kriege verursacht; von wem die Kriege gezielt vorbereitet werden. Und wer jetzt das berühmte V-Wort (‚Verschwörungstheoretiker') in den Mund nimmt, dem möchte ich entgegnen: Ja, es sind immer Theorien, die die Menschheit in der Geschichte weitergebracht haben: Theorien darüber, wie die Dinge sich verhalten könnten – und dann aber auch: Klare Beweise vorzulegen, wer hier Ross und Reiter ist.

Und in der Tat sind es die Rüstungsbetriebe, die massiv profitieren, und dann ist es nur noch ein kleiner Schritt hin zu der Frage: Wer hat wo – was, wann, auf welche Weise – vorbereitet. Das allerdings wäre abendfüllend, das werde ich jetzt nicht noch sagen.

Der Beifall, der sich nun regte, war eher dürftig. Offenbar gab es zu viele im Saal, denen diese Worte schon zu deutlich waren, oder die eher der Perspektive von Frau Schwelling zuneigten, welche – gefolgt von starkem Klatschen – zu der Frage u. a. ausgeführt hatte:

„Ja, wir haben Rüstungsunternehmen in der Stadt, und wir haben auch welche, die ihren Beitrag dazu leisten – beispielsweise das IST, das Kiew vor dem furchtbaren Angriff Russlands schützt und dafür sorgt, dass Menschen da, zumindest in Teilen, in Frieden leben können. Und das wird auch in Ulm gebaut. – So kritisch man der Rüstungsindustrie gegenüberstehen kann – vielleicht auch muss: An der Stelle bin ich froh, dass wir beitragen können (...), dass Menschen in Kiew nicht sterben. Das ist meine Haltung zur Rüstungsindustrie."

Man kann diese Passage als Ausdruck dafür bewerten, dass sowohl die Sprecherin wie auch die Zuhörer von dem Rahmen („Framing") beherrscht waren, das schon monatelang durch fast alle verfügbaren Medien vermittelt worden war und das in etwa wie folgt auf den Punkt zu bringen ist:

- Der Krieg in der Ost-Ukraine sei ausschließlich das Werk eines Mannes, und der heißt Putin.
- Dieser Putin sei eine Gefahr für die ganze Welt, besonders aber für Europa, denn nach der Ukraine werde er seinen Feldzug Richtung Wesen fortsetzen.
- Wer Putin, auch nur ansatzweise, verteidige – der sei seinerseits eine Gefahr für den Frieden und die Demokratie.

Auch an dieser Stelle sei hervorgehoben, dass ich selbst über Jahrzehnte hinweg eine ähnliche Vorstellung von „Krieg und Frieden" hatte. Doch seit März 2020 gab es viel Zeit, um die Hintergründe[116] zu erforschen. Daher einige Fragen:

---

116 Hier nur einige wenige Buch-Titel: Daniele Ganser, Imperium USA. Die skrupellose Weltmacht (Zürich 2020) // Wolfgang Effenberger, Schwarzbuch EU & NATO. Warum die Welt keinen Frieden findet (Landau 2020) // Naomi Klein, Die Schock-Strategie. Der Aufstieg des Katastrophen-Kapitalismus (New York – Toronto 2007, deutsch: Hamburg 2021) // Hermann Ploppa, Der Griff nach Eurasien. Die Hintergründe des ewigen Krieges gegen Russland (Marburg 2019) // Hermann Ploppa, Hitlers amerikanische Lehrer. Die Eliten der USA als Geburtshelfer des Nationalsozialismus (Marburg 2016) // Alexander Sosnowski – im Gespräch mit Willy Wimmer, Und immer wieder Versailles. Ein Jahrhundert im Brennglas (Landau 2019) // Präsident Putin, Seine komplette Rede an die Nation vom 21.2.2022 (Broschüre – www.muenchenstehtauf.de) // Gerhard Wisnewski, Drahtzieher der Macht. Die Bilderberger – Verschwörung der Spitzen von Wirtschaft, Politik und Medien (München 2010) // Daniel Estulin, Die wahre Geschichte der Bilderberger (2005, deutsch Rottenburg 2007) // John Coleman, Das Tavistock-Institut. Auftrag: Manipulation (2005, deutsch: Gelnhausen 2020) // Autorenkollektiv C.E.Nyder, Young Global Leaders. Die Saat des Klaus Schwab (Rottenburg 2022) // Hannes Kohlmaier, Die Macht der Geheimbünde. Freimaurer, Rosenkreuzer, Kabbalisten. Wer sie sind, welche Ziele sie verfolgen und welchen Einfluss sie haben (München 2022) // Frank Hills, Okkulte und freimaurerische Zahlensymbolik in Politik, Kultur und Presse. Band 1: Ein Satanisten-Netzwerk regiert die Welt (Durach 2009) // G. Edward Griffin, Die

- Wer hat – schon seit 1913 – von den Kriegen profitiert?
- Wer hat das aktuell geltende Geld-System geschaffen? Auf welche Weise?
- Was ist und zu welchem Zweck wurde gegründet: das Council on Foreign Relations?

Noch eine Nachbemerkung, verfasst am 5. Juni 2024: Wir stehen aktuell vor der Gefahr eines weiteren Welt-Krieges – eine Gefahr, die seit 1945 niemals so groß war. Mögen die Deutschen rechtzeitig erkennen, wer die Politiker dazu bringt, diesen Krieg aktiv voranzutreiben. Gottes Schutz und Segen!

Kreatur von Jekyll Island. Die US-Notenbank Federal Reserve (Rottenburg 2006) // Thomas Röper, Inside Corona. Die Pandemie, das Netzwerk & die Hintermänner (Gelnhausen 2022) // Rolf Kosiek, Die Machtübernahme der 68er. Die Frankfurter Schule und ihre zersetzenden Auswirkungen (Frankfurt 1997, 7. Auflage 2009) // Annie Jacobsen, Operation Paperclip. The Secret Intelligence Program That Brought Nazi Scientists To America (New York – Boston – London 2014, 11. Aufl. 2020) // Michael Wolski, Mauerfall Berlin. Zufall oder Planung? (Berlin 2019) // https://youtube.com/watch?v=MCrVC2_KVQM&si=Z_dSKex9h2ihvjIh

Kapitel 12

Auf zum nächsten Akt – im Ulmer Stadthaus

Für die Kandidaten-Vorstellung am 20. November[117] im Stadthaus hatten sich die Veranstalter, die Lokalredaktion der „Südwest-Presse", eine originelle Idee einfallen lassen. Die Kandidaten sollten sich gegenseitig vorstellen, wobei angeblich – wie uns im Vorgespräch gesagt wurde – per Los entschieden wurde, wer von uns wen auf diese Weise zu „präsentieren" hatte. Mir war der andere unabhängige Kandidat, Thomas Treutler, zugewiesen worden. Dazu stimmte ich mich im direkten Gespräch mit ihm ab, um seine Person und die Motive seiner Kandidatur mit der gebührenden Wertschätzung vor seinem hohen Engagement vorzutragen.

Der Mit-Bewerberin Lena Schwelling war mein Name zugewiesen worden. Sei es, dass sie von vorneherein diese Aufgabe der Kandidatenvorstellung auf völlig andere Weise interpretiert hatte als wir vier Anderen, oder sei es, dass sie, vor diese Aufgabe gestellt, überhaupt erst auf diese Idee gekommen war: Jedenfalls nutzte sie den ihr zur Verfügung stehenden Zeitrahmen zu einem – wollen wir es so nennen? – Generalangriff:

„Ja, ich kenne Herrn Langhans nicht; deshalb wird es eine eher ... äh ... unpersönliche Vorstellung."

Ach so ... – und dann braucht man ihn nicht mal zu fragen? Sondern man klaubt schmutziges Laub aus dem lokalen Blätterwald zusammen ...?

---

117 https://odysee.com/@doktorlanghans:6/20-11-2023,-ulm-stadthaus-falsch-2:d // https://www.youtube.com/watch?v=SSp8M2YI928&t=1211s

Meine politischen Anliegen, feixte sie über ihren Mitbewerber, hätten „leider ziemlich wenig mit Ulm oder der Kommunalpolitik zu tun“, sondern sei eher geprägt „von den aktuellen Verschwörungserzählungen“.

Das im Video deutlich vernehmbare „äh“ ist einer Bemerkung wert: Ob sich in diesem Moment ihr Unterbewusstsein meldete, wohl wissend, dass es in den nun folgenden Minuten eben nicht respektvoll – also menschenwürdig – zugehen wird? – Jedenfalls setzte sie, von einem dazu sorgsam vorbereiteten Skript ablesend, zu einem verbalen Trommelfeuer an, das an Bilder erinnerten, die wir aus historischen Aufnahmen über den Einsatz der „Stalin-Orgeln“ („Katjuscha“) in Erinnerung haben:

„Herr Langhans zählt zu den Querdenkern und Corona-Leugnern und trat in diesem Zusammenhang auch bundesweit als Redner auf. In Hannover ist er dabei laut Medienberichten durch die Polizei von der Bühne geholt worden, weil er den Zustand in der Ukraine mit dem Nationalsozialismus in Nazi-Deutschland verglichen hat.“ Darüber hinaus unterstellte sie mir eine „Unterstützung des Angriffskriegs in Ukraine“.

Nicht genug damit, mischte sie zutreffende Positionen, die ich vertrete, mit einer abfälligen, ja respektlosen Art der Darstellung:

„Laut Interviews in Zeitungsberichten ist Herr Langhans überzeugt, dass eine höhere Macht die Weltbevölkerung reduzieren will, mit Hilfe von Abtreibungen, (...) Gender und natürlich der Corona-Impfung (...) dass es den menschengemachten Klimawandel nicht gibt, wissenschaftliche Forschung und Fakten dazu lehnt er ab, und dass wir in einer Scheindemokratie leben und Multimilliardäre und Großkonzerne und Nichtregierungsorganisationen Politik und Medien steuern.

Diese und andere rechte Verschwörungslügen und Beiträge aus der Reichsbürger-Bewegung verbreitet Herr Langhans auf seinem

Telegram-Kanal. Unter anderem hat er dort einen Beitrag geteilt, in dem es heißt, dass sämtliche Regierungsmitglieder in Bund und Ländern standrechtlich zu erschießen sind."

In diesem Moment kam es zu Ausrufen aus dem Publikum – als Ausdruck der Empörung, teils über diese Inhalte, teils über diese Art des Umgangs mit einem Mitbewerber. Auf der Video-Aufzeichnung ist beispielsweise die Bemerkung zu vernehmen: ‚Was erzählt sie für einen Unsinn!"

Dann endlich war der Spuk vorbei. Ohne Bezugnahme auf das, was die „Grünen"-Kandidatin sich da soeben geleistet hatte, bat mich die Moderatorin Chirin Kolb darum, nun bitte Herrn Treutler vorzustellen. Meine ersten Worte – nach diesem Schock:

Das mache ich sehr gern, verehrte Damen und Herren, und das erspart mir die Aufgabe, auf offenkundigen Unsinn jetzt eingehen zu müssen (spontaner Beifall im Publikum, Lachen) ... und ich muss sagen, solange ich Herrn Treutler jetzt kennengelernt habe, es war schon im Sommer – woran Sie sich möglicherweise gar nicht mehr erinnern, Herr Treutler [118] –, wo ich von Ihnen ein Bild gewonnen habe als einen aufgeschlossenen Menschen. Diese Aufgeschlossenheit hat sich auch gezeigt in diesen persönlichen Begegnungen hier auf Kandidaten-Ebene: Immer, wenn ich Ihnen zugehört habe, oder aber wenn ich Ihnen persönlich begegnet bin, lieber Herr Treutler, hatte ich genau diesen Eindruck: Dass Sie ein liebenswürdiger Mensch sind. [119]

So die Einleitung meines Kurzbeitrags, den ich auf Basis des Stichwort-Zettels spontan formulierte. Und auch rückblickend

---

118 Zur Vorbereitung des „jetzt-reichts"Kundgebungen am 15.7. und am 19.8. 2023 (s.o.) hatten wir viele Einzelhandelsgeschäfte aufgesucht und dabei auch das Geschäft von Herrn Treutler.

119 Für die weiteren Ausführungen zu seiner Person sei auf die Video-Aufzeichnung verwiesen: s.o.

scheint mir, in einer derartigen Atmosphäre, wie sie durch diese Kopfschütteln verursachenden Tiraden kurz vorher im Saal erzeugt worden war, ist Humor und der Blick ins Licht das Beste, wie man reagieren kann.

Ja doch ..., um Inhalte ging es auch an diesem Abend. Eine große Rolle spielten etwa die zahlreichen (und inzwischen massiv erweiterten ...) Baustellen in der Stadt. Dazu wurden die Kandidaten um ihre Meinung gebeten. Eine Gelegenheit, die mir eine besondere Chance eröffnete:

Ich habe drei kurze Anmerkungen zu dem Thema. Zum einen, dass nicht nur ich, sondern auch viele Bürger sich fragen, ob das eventuell System hat, dass es so viele Baustellen gibt (Zwischenruf: „Nein!", Unruhe kommt auf).

Bereits in diesem Moment wurde deutlich, dass es im Saal einige Zuhörer – wieder – darauf abgesehen hatten, mich an einer ruhigen Darlegung meiner Gedanken gezielt zu hindern; ich ging darauf ein:

Ja, ich achte gern Ihre Meinung, und ich sage meine Meinung; und ich danke, dass Sie mich jetzt in aller Ruhe, das was ich sagen will, aussprechen lassen: Dass dahinter ein System steht, nämlich dass die Mobilität mit dem Fahrzeug, mit dem Auto gezielt behindert werden soll. Diese Vermutung haben immer mehr Bürger, und die muss auch geäußert werden dürfen und wird heute Abend hiermit von mir geäußert (weitere Zwischenrufer versuchen den Redner aus dem Konzept zu bringen.).

Das zweite Thema ist, dass dahinter eventuell auch Zuschüsse stecken: Je mehr Baustellen, umso mehr Zuschüsse? – Nur als Frage – ob das nicht miteinander zusammenhängt?

Und das Dritte ist das Thema ‚Smart City'. Ich weiß nicht, wer sich von Euch mit dem Thema ‚Smart City' beschäftigt hat (kurz kommt einzelner Beifall auf). Es lohnt, sich damit zu beschäftigen, in welche Richtung sich Ulm in Bezug auf ‚Smart City' entwickeln will. (Beifall)

Keine Chance gab es an diesem Abend, die Anwesenden darüber zu informieren, was mit Ulm tatsächlich geplant ist ... Dazu ein kurzer Exkurs.

Auf der 2021 online gestellten Webseite „Smart City Strategie der Stadt Ulm"[120] ist zu lesen: „Ulm orientiert sich dabei an den siebzehn globalen Zielen für nachhaltige Entwicklung der Agenda 2030." Geradezu enthusiastisch wird darin ausgeführt: „Alle Menschen in Ulm sollen zu einer selbstbestimmten und souveränen Teilhabe am gesellschaftlichen Alltag befähigt werden."

Liest sich gut, oder? – Es geht weiter:

„Im Ergebnis soll der Individualverkehr reduziert und gezielter durch die Stadt geleitet werden. (...) Die Stadt hat sich zum Ziel gesetzt, im Bereich nachhaltige Entwicklung Vorreiter zu werden. Die Digitalisierung soll sie in diesem Bestreben unterstützen." „Digitalisierung" wird also dem Leser als etwas ausschließlich Positives verkauft ...

Der Umgang mit Daten solle so erfolgen, „dass Daten im Hoheitsbereich der Stadt bleiben und nach den städtischen Spielregeln genutzt werden." – Wer solche Passagen mit einigermaßen klarem Kopf liest, spürt sogleich, wo die Reise hingeht: Monitoring, zu deutsch: Total-Überwachung ... – die jedoch – selbstverständlich – nur „nach den städtischen Spielregeln genutzt" würden.

„Städtische Spielregeln"... Solche Formulierungen sind nichts als Nebelkerzen ... Das zeigt ein Blick auf die geplante – und offenbar schon sehr weit fortgeschrittene – Konkretisierung:

„Die Datenplattform verbindet die in der Stadt befindlichen Sensoren und unterstützt die Vernetzung verteilter Datenquellen.

120 https://smartcitystrategie.ulm.de

(...) Der Aufbau der technischen Infrastruktur wird unterstützt durch das Experimentieren mit zentralen Zukunftstechnologien wie LoRaWAN, 5G und iOT-Lösungen."

Schon vor Jahren hat sich – insbesondere in Ulm – gegen die Zwangs-Einführung von 5G-Technologien eine breite Protest-Bewegung formiert, vor allem wegen der hohen gesundheitlichen Risiken und Gefahren. Schauen wir genauer hin: „Sensoren" heißt es auf der Webseite, und weiter ist die Rede „von drahtlosen Technologien, Sensoren sowie Aktoren."

Ja, ich sehe darin den Einstieg in die totale Überwachung – worauf nicht nur George Orwell in seinem Werk „1984" bereits mahnend hingewiesen hat. Wie das bereits heute in der Praxis aussieht, kann man an der niederländischen Stadt Appeldoorn sehen. In einem frei verfügbaren Aufklärungsbeitrag heißt es:

„Die Stadt ist ganz einfach von einem multinationalen Unternehmen namens Radio LED in eine Smart City umgewandelt worden – freilich ohne einen öffentlichen Diskurs. Tausende Sensoren verfolgen und überwachen nun die Bürger der Stadt, 24 Stunden am Tag.

Holland ist weit weg ...? – Nun, auch in Deutschland werden bereits [Stand 8. August 2023] ganze 73 Städte zu ‚SmartCities' umstrukturiert und mit hohen Summen vom Bund, sprich: vom Steuerzahler finanziert. (...) Das Konzept der SmartCities: Entmündigung der Bürger: Wir werden zu gläsernen Untertanen fast ohne Schutz der Privatsphäre. Die Obrigkeit ist an den Schalthebeln und kann für jeden Lebensbereich beliebige Vorgaben festlegen. (...) Wer sich nicht konform verhält oder gar widersetzt, kann problemlos sanktioniert werden. (...) Ohne Respekt vor der Menschenwürde und ohne Wahrung seines fundamentalen Rechts auf Selbstbestimmung gibt es keine Zukunft."[121]

121 https://www.kla.tv/26822

In einem – 2021, mitten in der angeblichen „Corona-Pandemie“ publizierten – Video mit dem Titel „You`ll own nothing and You`ll be happy“ – wird von dem Milliardärsclub „World Economic Forum“[122] eine Zukunft vorhergesagt, in der wir Bürger massiv enteignet, aber uns „glücklich“ fühlen würden; wer CO_2 rauschleudere, werde dafür bezahlen u. v. a. m.

Ach, und so ein Thema hat nicht „kommunalpolitischen Charakter“...? – Wie bitte?

Man merkt schon: Was zum Thema gehört, soll „von oben“ bestimmt werden; ein solcher Wind wehte schon am 13. November bei der Kandidatenvorstellung wie auch eine Woche später beim Forum der „Südwest-Presse“. Und doch gelang es immer wieder, die wirklich wichtigen Themen – wer wollte behaupten, dass es die Bürger einer Stadt nicht interessiert, wenn es nachweisbare Pläne zu ihrer Erpressung und Enteignung gibt? – anzusprechen ...

Die – erneut turbulenten – Erfahrungen und Eindrücke dieses Abends im Saal des Ulmer Stadthauses wurden später in der Ausgabe 8 meines 4-Seiten-Magazins „Das freie Wort“ unter dem Titel „Was würden Hans und Sophie Scholl heute sagen?“ wie folgt verarbeitet:

Auf Einladung einer regionalen Zeitung wurden am dritten Montag im November im Ulmer Stadthaus die fünf Kandidaten für das Amt des Oberbürgermeisters präsentiert. Mit weit über 200 Zuhörern war der Saal nahezu vollbesetzt. Einer originellen Idee des Veranstalters folgend sollten sich die Kandidaten gegenseitig vorstellen. Zu erwarten wäre, dass hier der Respekt den Ton angibt. Als Betroffener weiß man ja, was jeder an Kosten, Zeit und Energie investiert hat, um im Fall seiner Wahl acht Jahre seiner Lebenszeit für die Bürger der Stadt einzusetzen; das verbindet – so könnte man vermuten ...

122 https://www.youtube.com/watch?v=omAk1gMyw7E // https://www.bitchute.com/video/fBSsq9nKk5Qu/

Höflich und humorvoll wurde der amtierende OB dem Publikum präsentiert, analog Martin Ansbacher von der SPD und Lena Christin Schwelling. Die grüne Kandidatin interpretierte ihre Aufgabe offenbar völlig anders: Statt den Betreffenden vorher einfach zu fragen, listete sie auf, was in Zeitungen und auf extremen Internet-Seiten über Dr. Daniel Langhans, der ohne Parteibuch antritt, verbreitet wird: Es wimmelte von abwertenden Aufklebern über einen Menschen, der auf seinen Plakaten für „klar denken – quer denken – selber denken" wirbt. Der Betroffene selbst kam anschließend seiner Aufgabe nach, den ebenfalls parteilosen Unternehmer Thomas Treutler vorzustellen, ohne auf vorangegangenen „Unsinn" näher einzugehen.

Zur Überraschung vieler war von den Veranstaltern von vornherein die bei derartigen Kandidaten-Foren übliche Praxis gestrichen worden, auch Stimmen aus dem Publikum zuzulassen. Zur Begründung wurde darauf verwiesen, dass andernfalls ‚Ko-Referate' und das Zur-Sprache-Bringen unpassender Inhalte zu befürchten seien ... Ein Symptom für das seltsame Verständnis von Demokratie, wie es aktuell in vielen Redaktionen vorherrscht: ‚Was bei unserem Wahlforum gesagt werden darf, legen wir selber fest ...' Hm, im SED-Staat ist das wohl kaum anders gehandhabt worden ...

So wurde debattiert über Radwege, Wohnungsnot, (Auto-)Mobilität, Innenstadt-Sicherheit und Innenstadt-Flair – wie es vorausgeplant worden war. Eine Diskussion über die eigentlichen Ursachen dieser Themen und Probleme? Fehlanzeige ... Allenfalls war es der Noch-OB Gunter Czisch, dessen Kritik an der Auflagen- und Regelungswut von Landes- und Bundes-Regierung deutlich hörbar wurde. Mehrfach mahnte er, „die Menschen selbst entscheiden" zu lassen. Spricht hier die Frustrations-Erfahrung eines langjährigen Bürgermeisters?

Ganz anders die Kandidaten von Rot und Grün. Es fiel doch tatsächlich die Formulierung, dass Einfamilienhäuser ‚nicht mehr zu verantworten' seien, und Steuerung ‚nur durch mehr Kontrolle' möglich sei ... Ein Hinweis darauf, dass der rot-grüne Globalismus den Bürgern immer unverschämter als unausweichlich dargestellt wird? Doch andererseits: Wie realistisch erscheint es angesichts der wachsenden Sensibilität in der Bevölkerung, dass ideologie-getriebene Parteien bzw. Kandidaten in Zukunft überhaupt noch Mehrheiten gewinnen können? Ist das der tiefere Grund, warum im Saal verunglimpft wurde, wer es wagte, die totalitären Denkstrukturen und Handlungsmuster anzusprechen?

Ein Thema an jenem Abend waren auch die – überwiegend unbearbeiteten – Baustellen, die in Ulm ein erdrückendes Maß erreicht haben. Von einigen Buh-Rufern im Saal wurde versucht, auch nur die Frage nach einem möglichen „Plan" hinter den Bau-Maßnahmen lächerlich zu machen – ungeachtet dessen, dass zur ‚Smart City Strategie Ulm' längst schon eine eigene Webseite angelegt und online verfügbar ist ... – Soll über die sog. ‚15-Minuten-Städte' und die von undemokratischen NGOs wie ‚World Economic Forum' explizit vorgegebenen Ziele einer Zentrierung bzw. Kasernierung von Stadt-Bevölkerungen eine offene Diskussion verhindert werden?[123]

‚Quer' (nicht zu verwechseln mit ‚queer' ...) und selbst zu denken, bedeutet ja auch, Dogmen infrage zu stellen. Erneut wurde es unruhig im Saal, als der Kommunikationstrainer auf dem Podium das leidige Thema ‚Klima' aufgriff; wobei lediglich Fakten aus dem Biologie-Unterricht vorgetragen wurden: ‚CO_2 ist kein Giftstoff, sondern ist die Basis der Photosynthese. Eine höhere CO_2-Konzentration lässt die Erde ergrünen, kurbelt das Pflanzenwachstum an.

---

123 Anmerkung im Original: Das demokratisch nicht-legitimierte World Economic Forum über die „15-Minuten-Stadt": https://www.weforum.org/agenda/2021/11/15minute-city-falls-short/ https://www.weforum.org/impact/smart-cities-governance-alliance/ – Kritik von Bürgern: https://derstatus.at/great-reset/wef-plane-fur-verkehrsfilter-gefangen-in-der-15-minuten-stadt-99.html

Auch die Landwirtschaft kann profitieren, da sich die Ernten steigern lassen.'

Dieses Zitat aus der Online-Erklärung „There is no climate emergency" von mehr als 1800 renommierten Wissenschaftlern ließ bei einigen die Zornes-Adern anschwellen ... Eine Diskussion dazu erfolgte nicht, und Noch-OB Gunter Czisch murmelte ins Mikrofon, der ‚menschengemachte Klimawandel' dürfe ‚nicht infrage gestellt werden.' Für den Beobachter blieb die Frage: Warum nicht? Was soll hier unter der Decke gehalten werden? Doch wie realistisch erscheint es, dass Bürger kritische Fragen künftig einfach herunterschlucken ...?

Ulm ist ja auch die Stadt von Hans und Sophie Scholl, die in der Zeit des NS-Totalitarismus für Ihr Wahrheits-Zeugnis ihr noch junges Leben lassen mussten. Als Dr. Langhans an ihr Lebens-Zeugnis erinnerte, kam es zu einer bizarren Situation: Mehrere Aktivisten, offenbar Unterstützer des Global-Totalitarismus, verschafften ihrer ablehnend-emotionalen Stimmung Ausdruck durch laute Rufe – was auch die beiden Moderatoren irritiert in den Saal schauen ließ. Für einen Augenblick schien es, als solle hier der parteilose Kandidat an einer Bezugnahme auf diese beiden Zeugen – doch tatsächlich – gehindert werden ...

Mit gemischten Gefühlen verließ man den Raum. Knapp war eine Eskalation verhindert worden. Oder war das allein schon der Skandal? Dass ein Kandidat nicht alles sagen durfte, was ihm am Herzen lag – ohne mit der unverhohlenen Wut einer Gruppe von Zuhörern zu konfrontiert zu werden ...? Wie geht es jetzt weiter? Welche Schlüsse ziehen ideologisch nicht festgelegte Teilnehmer aus dieser bizarren Erfahrung ...?

Lauschen wir zum Abschluss noch einem früheren Oberbürgermeister Ivo Gönner, der am 22. Juli 2013 sagte: „Diese jungen Menschen im Zeichen der ‚Weißen Rose' waren ein Lichtblick in dieser dunklen Zeit. Ihr junges Leben wurde ausgelöscht, aber es bleibt die dauer-

hafte Erinnerung an ihren besonderen Mut und ihre Zivilcourage. Es macht Mut, dass viele junge Menschen auch in Ulm sich dieser Tradition verpflichtet sehen, und für Demokratie, Rechtsstaat und die Menschenwürde aktiv eintreten ...“[124] *– Was würden Hans und Sophie Scholl angesichts der Pläne der ‚globalitären Eliten‘*[125] *heute zu ihren Ulmern sagen?*

124 Anmerkung im Original: Schwörrede von Ivo Gönner am 22.7.2013: https://www.ulm.de/0/2016/schw%C3%B6rrede-2013

125 Anmerkung im Original: Soweit ersichtlich, wurde der Begriff der „globalitären“ Eliten von Christine Anderson geprägt. Hier sprach sie über deren Pläne: https://christineanderson.eu/video/neue-who-vertraege-teil-1-entlarvende-antwort-der-eu-kommission/ – https://www.freiland.jetzt/blog/2023/05/03/die-europaabgeordnete-christine-anderson-erklaert-warum-die-eliten-sie-in-15-minuten-staedten-gefangen-halten-wollen/ – „My 2 cents on digital ID and 15-minute-Ghettos. That`s what the „globalitarian elites“ have in store for uns: https://twitter.com/AndersonAfDMdEP/status/1658865764688855049

Kapitel 13

Unternehmerschaft und „Klima"-bedingte Enteignung

Die vorletzte der gemeinsamen Kandidaten-Vorstellungen fand am 27. November im Gebäude der Industrie- und Handelskammer Ulm statt. Im Vorfeld wurde ich gebeten, ein Kurz-Video[126] mit einer Selbst-Vorstellung zu publizieren. Dazu kam es am 16. November, und darin hieß es:

Ich möchte dazu beitragen, dass die Menschen selber entscheiden können, was für sie in ihrem Leben wichtig ist. Wenn die Bürger erkennen werden, wie es bereits viele Wissenschaftler in dieser Welt deutlich zum Ausdruck geben, dass CO_2 für das Leben der Pflanzen von entscheidender Bedeutung ist; dass es also keiner ‚Dekarbonisierung' bedarf und dass das gesamte ‚Klima'-Narrativ auf mehr als nur wackeligen Füßen steht und dass es also auch keinen Grund gibt, die Bürger deshalb in breitem Umfang zur Kasse zu bitten, auch die Unternehmen, dann – so denke ich – werden sie das auch klar zum Ausdruck bringen.

Und ich möchte einen Beitrag dazu leisten, dass die Menschen über ihr Schicksal wieder selbst entscheiden, ohne dass ihnen internationale Organisationen durch irgendwelche ‚Klimaschutz'-Pläne Vorschriften machen.

An dem Abend in der IHK rekrutierte sich das Publikum, wenn auch nicht ausschließlich, aus der regionalen Unternehmerschaft.

---

126 https://www.youtube.com/watch?v=Y3Gu3QHIM68 // https://odysee.com/@doktorlanghans:6/16-11-23,-dr.-daniel-langhans-zur:0

Zum Stichwort „Umgang mit knappen Flächen“ stellte ich diese Gedanken vor:

Substanziell erscheint mir, zwei Gruppen mit ins Boot zu holen: Zum einen die Bürger der Stadt und zum anderen die Unternehmen – und da auch völlig neue Formen des Dialogs zu entwickeln. Wenn mir die Aufgabe für acht Jahre anvertraut wird, dann werde ich da einen Schwerpunkt setzen: Wie kann man Demokratie vor Ort stärker leben? Und die Investitionen der Unternehmen hängen natürlich massiv davon ab, was ihnen zum Investieren überhaupt bleibt. Und da haben viele Unternehmer hier im Raum doch ihre Zweifel, ob das, was von der Bundes- und Landespolitik kommt, nicht doch zu sehr ideologie-getrieben ist. Und da wieder die wirtschaftliche Vernunft einkehren zu lassen, das ist mein Ziel.

Auf die Frage nach den wichtigsten „Infrastruktur-Projekten“ gab ich zur Antwort:

Das Thema ‚Baustellen‘ war in meinen Gesprächen auf der Straße tatsächlich eines der Haupt-Themen, und da möchte ich folgende Anregung geben, nämlich Ursachenforschung: Wie kommt es, dass Bauprojekte angefangen werden und dann liegen bleiben – da muss es ja Ursachen und Urheber dafür geben. Und wenn das beispielsweise durch eine Arbeitsgruppe, die geschickt zusammengestellt ist, auf den Weg gebracht ist, dann könnte das dazu führen, dass diejenigen, die solche Baustellen-Projekte anstoßen, sich das vorher vielleicht überlegen, ob die nötigen Mittel dafür auch da sind. Denn von den Baustellen haben wir alle gar nichts, wenn da nicht gearbeitet wird, und in den allermeisten Fällen scheint es nicht der Fall zu sein.

Das ist das Projekt Nr. 1, und (auch) die weiteren Projekte würde ich mit den Menschen zusammen entwickeln. Ich kann immer nur wiederholen: Es muss noch viel mehr Demokratie auf lokaler Ebene gehandhabt werden, die Menschen sollten zu Wort kommen. Das würde ich nicht nur auf den Stadtrat beschränken, sondern die Menschen mit einbeziehen; ich würde auch Umfragen machen. Es gibt sehr viele Möglichkeiten, das voranzutreiben.

Zum Stichwort „Steuerpolitik":

Also, noch mehr Belastungen für die Unternehmen halte ich für katastrophal – obwohl ich sehe, dass genau das geschehen soll. Wenn wir sehen, wie in Berlin gewirtschaftet wird, dann ist das einfach nur besorgniserregend, und ich möchte eine Lanze brechen für eine entsprechende Bemerkung, die ich im Rahmen dieser Veranstaltungen vom amtierenden Oberbürgermeister auch schon gehört habe. Ich finde, hier sollte sich ein Oberbürgermeister auch künftig vor die Stadt stellen – und sehr deutlich sagen, was Sache ist. Dazu möchte ich einen Satz vorlesen, den ich schon im Vorfeld an Unternehmer geschrieben habe (s. o.):

Wenn ein Unternehmen, weil die Kosten hier zu hoch sind, ins Ausland abwandert und dort weiter produziert – wie hoch ist dann das sog. ‚eingesparte CO_2'? (kurzer Beifall)

Und auf die Frage „Ihr Konzept für die Wirtschaftsförderung?":

Ich war von der Wirtschaftsförderung in verschiedenen Städten und Regionen oft eingeladen, zum Thema ‚Akquise und Kommunikation' zu sprechen. Was ich dort erlebt habe, ist ein Geist des Machen-, des Umsetzen-Wollens. Und da bin ich bei meinen Punkten: Die Menschen, speziell die Unternehmer fühlen sich gegängelt; das muss man einfach mal so sagen. Und diese Gängelung Politik muss endlich ein Ende haben. Das ‚Klima'-Narrativ ist nicht mehr haltbar, die Menschen spüren, dass sie da über den Tisch gezogen werden. Das muss offen diskutiert werden, und man darf hier nicht als ‚Klima-Leugner' bezeichnet werden – mit einem Begriff aus dem Mittelalter –, wenn man diese Dinge deutlich sagt.

Der Unternehmertag hier in Ulm geht uns ab; der muss reaktiviert werden. Das war der Treffpunkt der Ulmer Wirtschaft. Da war ich ja auch 20 Jahre lang mit meinem Stand vertreten. Und schließlich geht es um den Einzelhandel: Der Einzelhandel muss gestärkt werden, und das muss dadurch geschehen, dass die Innenstadt nach wie vor auch für Fahrzeuge erreichbar bleibt. Wer überhaupt keine Steuern zahlt, sind die Riesenkonzerne in Deutschland. Und das muss auch thematisiert werden! Wir zahlen hier die ganzen Steuern, als Mittelständler – und damit muss Schluss sein! (Beifall)

Zum Themenbereich „Austausch und Zusammenarbeit mit der Wirtschaft“:

Da geht es auch um kreative Formate. Es geht einfach darum, dass man die Unternehmer stärker mit einbezieht, als das bisher der Fall ist. Und ich möchte in diesem Zusammenhang ein Thema platzieren, das mir auch bei den Gesprächen in der Stadt zu Ohren gekommen ist: Wenn neue Gebäude errichtet werden, haben wir meistens mit Blöcken, Quadraten – mit Mathematik – zu tun. Wo bleibt die Schönheit? Das ist es, was die Menschen mir gesagt haben. Und der letzte Gedanke dazu: Ich bin mir bewusst, dass ein Oberbürgermeister in Ulm nicht allein entscheidet, sondern er hat auch nur eine Stimme im Stadtrat.

Dann kam die Frage: „Was sind konkrete Punkte/Verfahren, die Sie sofort bei Amtsantritt streichen oder vereinfachen lassen würden?“ Dieses – allgemein gehaltene – Thema konnte man wieder nutzen, um substanzielle Themen zu platzieren:

Ja, zwei Dinge liegen mir da am Herzen. Das eine ist ein Zitat, das der eine oder andere von Ihnen kennt: ‚Für Beunruhigung und Irritation sorgt indes der stetige Zustrom an Menschen ohne Bleibeperspektive‘. Wer es nicht erkannt hat: Das stammt aus der Schwörrede

2023, und hier hat der Oberbürgermeister in sehr, sehr zurückhaltender Form ein Kern-Problem Deutschlands und damit aber auch Ulms angesprochen: Das ist der massive Zustrom von ‚Menschen ohne Bleibeperspektive'. Dahinter stecken ganz gezielte Pläne, und wir müssen uns als Stadt dem widersetzen; sehr deutlich und klar widersetzen – in Richtung Berlin: Das geht nicht so weiter (kurzer, schmaler Beifall).

Das zweite, was ich ansprechen möchte, ist die Beflaggung. Wir können uns mit den Flaggen bei Konflikten, die in anderen Ländern stattfinden, nicht einfach auf eine Seite schlagen (Zwischenruf, nicht verständlich), indem wir erklären:‚Das ist der Aggressor, und der Andere ist der Angegriffene'. Das ist eine einseitige Stellungnahme. Wer weiß, was zwischen 2014 und 2022 in der Ostukraine gelaufen ist, der wird sich hüten, hier eine Schuld-Frage vorschnell zu beantworten. Und wenn wir nämlich diese Flaggen aufhängen, dann würde ich dafür weiße Flaggen aufhängen.

Gleich der nächste, der das Wort hatte, war Gunter Czisch, und er nutzte die Gelegenheit, um mit Bestimmtheit zu sagen: „Die Israel-Flagge – und auch die Ukraine-Flagge – bleibt hängen!", um sogleich mit anhaltendem Beifall belohnt zu werden.

Dann kamen die Fragen „Wie organisieren Sie die Verwaltung für künftige Herausforderungen und weiter steigende Aufgaben? Wie stellen Sie Ihr Rathaus zukunftsfähig auf?" an die Reihe. Dazu meine Ausführungen:

Die Engländer sagen an dieser Stelle ‚Education', ich sage ‚Information'. Das heißt, ich würde einen ganz großen Wert darauf legen, zu informieren. Denn das Wissen, was wir haben, über die entscheidenden Themen, die uns bewegen ... – das haben wir woher? Aus den Medien. Die Medien erzeugen für uns eine ganz bestimmte Wahrnehmung (Lena Schwelling und Martin Ansbacher machen bei diesen Worten unwillkürliche Bewegungen ...).

Und allein die Tatsache, dass es da ein Thema in den letzten dreieinhalb Jahren gegeben hat, wo die Wahrnehmung eine einzige war, und alles andere, was dem widersprochen hat, wieder in den Bereich des ‚Leugners' gestellt wurde, zeigt, dass hier ein Aufklärungs- und Informationsbedarf ist.

Das eine ist das Thema ‚Migration' – Das haben wir gemerkt ... dass das sozusagen angekommen ist. Das zweite ist das Thema ‚Klima', und das dritte ist das Thema ‚Gesundheit'. Wollen die Menschen sich wirklich von einer nicht-gewählten, nicht demokratisch-legitimierten Organisation dauerhaft vorschreiben lassen, was sie für ihre Gesundheit tun sollen und was sie nicht tun sollen? (Beifall)

Ziehen wir kurze Bilanz zu diesem Abend: Ja, es war – trotz der zum Teil teilweise thematisch eng gesteckten Zonen – gelungen, die ideologischen Ziele des Globalismus als solche anzusprechen und diese hinsichtlich der Interessen der Wirtschaft als kontraproduktiv, ja zerstörend zu charakterisieren.

Kapitel 14

Und noch mal wird`s heftig ...

Die dritte Kandidaten-Runde, an der ich teilnahm, hatte es auch wieder in sich. In meinem Telegram-Kanal sah ich mich anschließend zu der folgenden Eintragung veranlasst:

Ulm, Stadthaus – 28.11.2023
Der OB-Wahlkampf gleicht bisweilen einer Art Spießrutenlauf ...

Wieder einmal war klar, dass von den Veranstaltern Maßnahmen ergriffen werden, um das Themenfeld äußerst eng ‚kommunalpolitisch' zu halten – obwohl ja in der Stadt Ulm alles dafür getan wird, um bundespolitische, ja kriegspolitische Themen in die Bevölkerung hineinzutragen – man denke nur an die Ukraine- und die Israel- Fahne, womit sich Ulm demonstrativ jeweils für eine Seite der jeweiligen Kriegsparteien entscheidet, statt konsequent für Waffenruhe und Verhandlungen einzutreten.

Auch sonst gab es an diesem Abend wenig Gelegenheit, die eigentlichen Probleme der Ulmer Bürger (die massive Enteignung mittels ‚Klima'-Lüge und CO_2-Steuer, das An-die-Wand-Fahren des Mittelstandes, der bevorstehende Missbrauch des ‚Lastenausgleichsgesetzes', die Umwandlung Ulms in eine Orwell-Stadt als ‚Smart- City' u. v. a. m.) zu thematisieren. Im Gegenteil; in dem Moment, da ich die Migrations-Problematik ansprach, unterbrach die Moderatorin und dann gleich auch noch ihre Kollegin – so als hätten sie nur darauf gewartet, über den renitenten OB-Kandidaten, der sich nicht ihren Narrativen unterordnen will, herzufallen ...

Auf die spätere Frage, ob ich bei meinen Antworten nun nicht mehr unterbrochen würde, war kein klares ‚Ja' zu vernehmen. Stattdessen gingen diese Respektlosigkeiten weiter. Und an diesem Abend war ich nicht bereit, das einfach hinzunehmen, sondern habe – durchaus mit einer Dosis Emotion – darauf hingewiesen, dass es der Respekt vor dem Antwortenden gebietet, ihn über den Inhalt seiner Antwort selbst entscheiden zu lassen.

Wie dem auch sei – die Fanatisierten unter den Zuhörern, die nur darauf aus waren, ihren Unmut zu äußern, waren an diesem Abend ohnehin nicht erreichbar. Die anwesenden Demokraten (deren Fragen waren wieder mal zensiert worden) und ich haben unser Zeugnis gegeben. Immer gerne wieder ... Es fängt gerade erst an, Spaß zu machen ...

Wir lernen gerade sehr viel – auch für andere Regionen des deutschen Widerstands ... Das Video zu dem Abend wird nachgereicht. Wie diese Veranstaltung vom Journalisten-Kollegen der Moderatorinnen interpretiert wurde, könnt Ihr hier lesen.

In der Tat war die einzige Bemerkung, die auf www.swr.de später zu lesen[127] war, diese: „Für Unruhe im Saal sorgte in diesem Zusammenhang Daniel Langhans. Statt auf die Frage zu antworten, echauffierte er sich, dass er zuvor unterbrochen worden war. Daraufhin erntete er Pfiffe und Buhrufe aus dem Saal."

Das nennt man „Täter-Opfer-Umkehr", Ihr Journalisten ... Die entsprechende Szene spielte sich in Wirklichkeit wie folgt ab. Es gab zum „Wohnraum in Ulm" eine Fragerunde. Martin Ansbacher hielt dazu, einschließlich einer Moderatorin-Nachfrage eine etwa drei-minütige (!) Ansprache.

Auf die Frage einer der beiden Damen (die den Abend als SWR-Mitarbeiter moderierten) „Herr Langhans, finden Sie auch, dass die Stadt mehr bezahlbaren Wohnraum für alle braucht?", gab ich folgende Antwort[128]:

---

127 https://www.swr.de/swraktuell/baden-wuerttemberg/ulm/podium-zur-ob-wahl-100.html

128 https://odysee.com/@doktorlanghans:6/28-11-2023,-ulm-stadthaus-befragung-2:6

Ja, selbstverständlich; die Frage ist nur, wie es umgesetzt werden kann. Und da werde ich auf die Fachkompetenz der vielen, vielen Menschen, die beteiligt sind an diesen Prozessen, zurückgreifen. Ich denke, es gibt zwei Aspekte, die da auch noch eine Rolle spielen: Zum einen sollten wir, wenn wir über die Problematik am Bau sprechen, auch darüber sprechen, dass es schwerer geworden ist, das Material zusammen zu bekommen. Und das hängt mit der allgemein-wirtschaftlichen Situation in Deutschland zusammen. Und das hat jemand zu verantworten, den man benennen kann: Diese Bundesregierung. Ich finde, auch dies sollte zur Sprache kommen. Und ich denke mal, auch wir haben die Möglichkeit, diese Dinge offen zu artikulieren. Das ist lebendige Demokratie: Dass die Bürger das sagen, was in diesem Land nicht in Ordnung läuft. Das wäre Punkt eins.

Punkt zwei: Natürlich hängt das Wohnungsthema auch zusammen mit dem Migrations-Thema. Und wir haben einen noch amtierenden Oberbürgermeister, der dieses Thema sehr deutlich auf die Tagesordnung gesetzt hat. Und für denjenigen hier im Raum, der das nicht weiß, an welcher Stelle er das getan hat, darf ich die Schwörrede 2023 in Erinnerung rufen, als er genau diese Passage in seine Schwörrede offenbar gezielt aufgenommen hat: Er sprach von ‚Menschen ohne Bleibeperspektive'. Ich würde das Problem noch ein bisschen weiterziehen, nämlich es geht darum, dass Menschen, die seit 2015 – das ging ja schon unter Frau Merkel los – die hier ins Land kommen, dass die ein Umfeld zurücklassen ...

In dreister Weise, ja auch inhaltlich in kaum überbietbarer Respektlosigkeit unterbrach an dieser Stelle die Moderatorin urplötzlich meinen Redefluss: „Wir reden jetzt hier über Kommunal-Politik; wir wollen auch nicht die Schwörrede analysiert haben. Ich hatte gefragt, welche Vorschläge Sie denn haben, wenn Sie Oberbürgermeister sind, wie Sie dann ..."

Diesmal war ich auf eine solche Situation mental – also geistig – vorbereitet; und ich war fest entschlossen, derartige Respektlosigkeiten im persönlichen Umgang nicht einfach so hinzunehmen. Und so unterbrach ich sie meinerseits ... – das „Ping-Pong“ hatte begonnen ...

Doch genau in diesem Moment und zur demonstrativen Unterstützung des rüden Vorgehens kam wieder das feindliche Klatschen im Saal auf – was wir schon von der Kandidaten-Vorstellung im Kornhaus am 13. November her kannten; kaum überraschend, denn viele der damaligen Teilnehmer waren wohl auch am heutigen Abend zugegen. Und im „Schutz“ der Anonymität lassen sich derartige Frechheiten leichter realisieren ... Solcherart gestärkt, machte die Journalistin weiter:

„Deshalb würde ich jetzt an dieser Stelle abbrechen wollen. Sie hatten wirklich eine große Redezeit für die Beantwortung dieser Frage, und deshalb würde ich jetzt noch ganz dringend auch den Herrn Treutler zu Wort kommen lassen ...“ An dieser Stelle schaltete ich mich wieder ein:

Also, ich habe zwei Aspekte zur Sprache gebracht – wenn Sie mich unterbrechen, dann darf ich Sie auch unterbrechen. Dankeschön! –

und legte das Mikrofon auf den Beistell-Tisch – um zu signalisieren, dass ich die Angelegenheit für diesen Augenblick ruhen lasse.

„Ja, vielen Dank dafür“, so die Moderatorin, aber mir ist es wirklich sehr wichtig, auch den Herrn Treutler zu dieser Frage ‚Wohnraum‘ anzuhören – wie er es denn machen würde.“

Halten wir kurz inne: Es mag ein jeder für sich selbst beantworten, ob er die beiden kurz angesprochenen Themen (Beschaffung von Bau-Material sowie die Unterbringung von Migranten) als zur Frage des – insbesondere: bezahlbaren – Wohnraums zugehörig betrachtet. In jedem Fall aber gebietet es die Achtung vor der höchst individuellen Perspektive eines Menschen, ihn zum einen ausreden zu lassen und – zum anderen – zu respektieren, was er selbst in Bezug auf eine Fragestellung für relevant hält; abgesehen davon, dass ja insbesondere die Zuhörer genau darauf einen Anspruch haben – um sich ein Bild von den Kandidaten zu machen.

Was und wie es dort im Stadthaus praktiziert wurde, kommt einer öffentlichen Bloßstellung bedenklich nahe. Die Entscheidungen, was zum Thema gehört und was nicht, obliegen nicht den Moderatoren einer solchen Veranstaltung. Im Gegenteil, das Publikum hat ein Recht darauf, in Bezug auf die behandelten Themen die Sichtweise der einzelnen Kandidaten kennenzulernen.

So erscheint es mir insbesondere auch im Nachhinein passend, auf diese Weise reagiert zu haben. Und am selben Abend gab es zu der Dreistigkeit dieser Journalistin noch eine Erweiterung[129], die wir uns jetzt genauer anschauen ...

Nachdem der amtierende Oberbürgermeister in Bezug auf seine – in den Medien problematisierte – Entscheidung hinsichtlich der Unterbringung von Migranten ausführlich geantwortet hatte, schnodderte die Journalistin in folgender Weise in die nächste Fragestellung ein: „Okay ..., hm ... – weil ... ich nämlich gerne vom Herrn Langhans wissen würde: Was hätten Sie denn als Oberbürgermeister gemacht?“ In betonter Ruhe begann ich:

Ja, zunächst danke ich, dass Sie mir das Wort übergeben. Denn, Sie werden verstehen – nach dem, was eben passiert ist –, dass ich da noch einmal Bezug darauf nehme. Ich bin ja Kommunikationstrainer (sofort kommt wieder Unruhe im Saal auf – als hätten die Mob-Zuhörer nur auf eine Gelegenheit gewartet, die Situation weiter zu eskalieren ... – doch ich lasse mich wieder nicht aus der Ruhe bringen:), und als

---

129 https://odysee.com/@doktorlanghans:6/28-11-2023,-ulm-stadthaus-befragung-3:a

Kommunikationstrainer habe ich die Aufgabe, mit Menschen in der Gesprächsführung zu arbeiten. Was wir da immer wieder thematisieren, ist, dass man dem anderen Menschen zuhört und dass man es ihm überlässt, was er als zum Thema hergehörig betrachtet (laute Zwischenrufe, meine Stimme hebt sich,) und wenn das jemandem hier im Raum nicht passt, dann ist das eben so (die Moderatorin will das Wort an sich bringen; versucht mich wieder zu unterbrechen). Meine Ansicht ist eine andere. Und ich möchte mich auch nicht unterbrechen lassen.

Das ist ja der Grund, bevor ich überhaupt auf die Frage eingegangen bin, warum ich jetzt genau das Thema aufgreife. Ich möchte, dass wir hier respektvoll miteinander umgehen und ich bitte jeden hier im Raum um Zustimmung, wer Respekt ... (es kommt tatsächlich zustimmender Beifall auf).

Einige Sekunden lang sprechen Frau Schmitt und ich parallel in das Mikrofon – mit dem Effekt, dass keiner von beiden zu verstehen ist. Dann schweige ich, und man hört sie sagen:

„Und jetzt, weil ich jetzt weiß, wie man kommuniziert – das habe ich jetzt gelernt, aber jetzt möchte ich mal folgendes sagen: Was würden Sie mir konkret antworten, was hätten Sie als Oberbürgermeister gemacht? Und ich wäre sehr zufrieden, wenn die Kommunikation so laufen würde."

Wer hätte in diesem Augenblick seine Hand ins Feuer legen wollen, dass im späteren Verlauf bei einer sich bietenden Gelegenheit nicht wieder genau diese Art der – wollen wir es wirklich so nennen?: – „Moderations-Taktik" eingesetzt würde? Daher gab ich keine inhaltliche Antwort, sondern entgegnete:

Also, sind wir einig, dass ich ab jetzt nicht mehr unterbrochen werde?

Auf diese meine Frage hin brach es im Saal erneut tumultartig los, die Journalistin versuchte, den Zug auf ein Nebengleis zu führen:

„Als Moderatorin muss ich auf die Redezeit achten, das werden Sie als Kommunikationstrainer verstehen.“ Die Entgegnung, diesmal einigermaßen verständlich zu vernehmen, weil es im Publikum ruhiger geworden war:

„Wenn ich zu lange rede – das kann ich verstehen, aber wenn Sie mich wegen meiner Inhalte unterbrechen, wie das eben geschehen ist, dann ist das respektlos, und das sollte heute Abend nicht geschehen.“

Zu allem Überfluss mischte sich in diesem Moment die Co-Moderatorin ein, redete etwas von „Oberbürgermeister-Kandidat“ und dass man da „zum Thema“ sprechen solle. Also plötzlich zwei Fronten ... – Ich insistierte, diesmal zu ihr gewandt:

Noch mal: Werde ich heute Abend sprechen können, ohne unterbrochen zu werden? Das ist meine Frage.

Wieder kam keine klare Zustimmung von den beiden Damen. Konnte oder musste das so verstanden werden, dass sie sich vorher abgesprochen hatten – etwa in dem Sinn, keine Inhalte „zuzulassen“, die sie als nicht zum Thema passend bewerten?

Sollte auf diese Weise verhindert werden, was – seit meinem Eintritt in diesen OB-Wahlkampf – meine Zielsetzung gewesen war:

Dass thematisiert wird, welche Art von „Politik“-Theater hier im Land gespielt wird? Dass den Bürgern nämlich vorgegaukelt wird, sie träfen die Entscheidungen über ihre Lebensführung, ihre Gesundheit und ihr Eigentum, über die Art ihrer Mobilität und ihre Wohnsituation, über ihr Erziehungswesen und ihre Freizeitgestaltung – während ebendiese Entscheidungen anderen (sich „höher“ wähnenden) Ortes längst gefallen sind? Dass um jeden Preis verhindert werden solle, dass die Globalisten die ganze Welt als Pyramide definieren und sich selbst als die Spitze darin? – Sichtlich erregt erklärte ich:

Ich beanspruche, hier fair behandelt zu werden, und ich möchte nicht wieder erleben, dass wir miteinander hier streiten müssen. Es geht darum, dass wir respektvoll umgehen miteinander – und dann bedeutet das: Dass, wenn ein Kandidat eine Frage beantwortet, er dann entscheidet, welche Inhalte ... (unverständlich, weil wieder dazwischen geredet wurde ...).

Ja, aufregend ging es zu an jenem Abend. Heute noch – im April 2024 – ist es so, dass es auf Ulms Straßen geschehen kann, dass ich von Passanten mit dem „Ach-das-ist-doch-der-da-Blick" angeschaut werde. Der Leser kann sich denken, welche Emotionen solchen Blicken bisweilen beigemischt werden ... Wer weiß, wer jene Abende persönlich miterlebt oder deren Abklatsch diesen Begegnern auf bedrucktem Papier konsumiert haben mag ...

Doch, wenn diese meine Kandidatur dazu beigetragen hat, dass den Menschen hinsichtlich der aktuellen gesellschaftlichen Entscheidungs-Strukturen und -Prozesse, die aus meiner Sicht mit unserem Grundgesetz definitiv nicht zu vereinbaren sind, etwas bewusst geworden ist und dass in ihrem Anspruch auf Souveränität bestärkt wurden – dann ist mein Ziel erreicht.

Während des Techtelmechtels, mit dem ihre Kollegin mich konfrontiert hatte, hatte sich die Moderatorin mental erfolgreich reorganisiert. Sie wandte sich nun an mich mit der Frage, wie ich an der Stelle des Oberbürgermeisters in Bezug auf den Flüchtlingsstrom im Herbst 2023 reagiert hätte; darauf konstruktiv zu antworten war ja deshalb noch keine Gelegenheit gewesen, weil mit den Moderatorinnen noch keine Einigung über die an diesem Abend geltenden Kommunikationsbedingungen erzielt worden war ...

Schließlich fanden wir alle drei einen Ausweg aus der Sackgasse, in die wir hineinmanövriert worden waren, mit der folgenden Antwort meinerseits:

Also, wir wollen miteinander respektvoll umgehen. Mehr möchte ich gar nicht. Um Ihre Frage zu beantworten: Ich hätte genauso gehandelt wie der amtierende Oberbürgermeister.

Auch im Publikum hatte sich die Lage nun wieder beruhigt, und die Veranstaltung, die kurz vor einer Eskalation gestanden hatte, konnte fortgesetzt werden.

Kapitel 15

Eine faire Stimmenauszählung?

Am 8. Februar 2024 berichtete die Südwestpresse[130], Gunter Czisch werde nicht zur Vereidigung seines Nachfolgers erscheinen. In meinem telegram-Kanal war der Eintrag zu lesen:

Ob Herr Czisch auch Vermutungen hegt, dass bei der OB-Wahl nicht alles mit rechten Dingen zugegangen ist ...?[131]

Und einen Tag später notierte ich[132] zu demselben Thema und einer Presse-Mitteilung[133] der Stadt Ulm:

Ahnt OB Gunter Czisch, dass mit der Ulmer OB-Wahl etwas nicht stimmt ...?

Jedenfalls scheint (der angebliche) Ulmer Neu-OB Martin Ansbacher ziemlich nervös zu sein ...

Sonst würde er nicht Menschen, die den Unregelmäßigkeiten auf den Grund gehen wollen, durch derartige Verlautbarungen der Stadtverwaltung kriminalisieren lassen (indem sogar mit der ‚Polizei' gedroht wird).

In der Mitteilung hatte es auf der Webseite der Stadt Ulm geheißen:

„Die Stadt ist von Bürgerinnen und Bürgern informiert worden, dass sie an ihrer Haustür wegen einer ‚Umfrage zur Ober-

---

130 https://www.swp.de/lokales/ulm/ob-in-ulm-martin-ansbachers-vereidigung-als-ob- ohne-gunter-czisch-73000891.html

131 https://t.me/drdaniellanghans/37730

132 https://t.me/drdaniellanghans/37752

133 https://www.ulm.de/aktuelle-meldungen/z%C3%B6a/februar-2024/falsche-umfrage-ob-wahl-2024-02

bürgermeisterwahl' angesprochen worden seien. Zunächst war das nur in Grimmelfingen der Fall, nun gibt es auch Hinweise aus anderen Stadtteilen. Scheinbar treten die angeblichen ‚Umfrager' zu zweit auf, behaupten, es gäbe ‚Ungereimtheiten' im Zusammenhang mit der OB-Wahl, und fordern die Angesprochenen auf, ihnen zu sagen, ob und wen sie gewählt hätten.

Die Ulmer Stadtverwaltung stellt klar, dass von der Stadt keinerlei Umfragen zur OB-Wahl in Auftrag gegeben worden sind. Wer so angesprochen wird, braucht keine Antwort zu geben. Es gilt das Wahlgeheimnis. Ziel der Umfrager scheint zu sein, die Angesprochenen in ein Gespräch zu verwickeln, in dessen Verlauf Zweifel an der Rechtmäßigkeit der Wahl gesät werden. Wer sich bedrängt fühlt, sollte dies deutlich machen und auch die Polizei informieren. 07.02.2024"

Huch ... – was war geschehen? – Blicken wir zurück zum 8. November 2023:

Wie in einer Umfrage der Südwest-Presse[134] an diesem Tag noch heute zu entnehmen ist, waren zu diesem Zeitpunkt die Stimmenverhältnisse wie folgt: 2478 Menschen haben bis 8.11., 10:30 Uhr abgestimmt:

Gunter Czisch	–	32,5 %
Martin Ansbacher	–	25,3 %
Lena Schwelling	–	20,8 %
Dr. Daniel Langhans	–	12,3 %
Thomas Treutler	–	4,3 %
Keiner	–	4,8 %

Am Wahl-Sonntag, den 3. Dezember 2023, schließlich lautete das Ergebnis seltsamerweise: Lediglich 2,62 Prozent der abgegebenen

134 https://www.swp.de/lokales/ulm/ob-wahl-in-ulm-swp-umfrage_-czisch-vorne_-auch-ansbacher-und-schwelling-mit-chancen-72192021.html

Stimmen sollen für Dr. Daniel Langhans abgegeben worden sein. Irritiert hatte mich am Dienstag nach jenem Wahltag ein befreundeter Blumenhändler aus der Weststadt angesprochen und mir das Ergebnis jener Wahl-Umfrage, die vier Wochen vor der Wahl durchgeführt wurde, mitgeteilt. Ihm wie auch mir erschien die Differenz (12,5 % gegenüber 2,62 %) bedenklich hoch, und so kam, was später in den regionalen Medien in etwa wie folgt dargestellt wurde:

Der unabhängige Kandidat zweifle die Legitimität der Ulmer Wahlauszählung an. Nun klingele er bei Ulmer Haushalten ... – Nun, mir scheint, es gibt durchaus unehrenwertere Motive, eine Haustür-Klingel zu betätigen, als den, einen möglichen Wahlbetrug aufzuklären. In Grimmelfingen machte ich die Erhebung.

Und tatsächlich fand sich meine Skepsis bestätigt durch das Ergebnis der Stichprobe: An den beiden Wochentagen Mittwoch und Donnerstag (6./7.12.2023) erreichte ich etwa 50 derjenigen, welche – gemäß ihrer Auskunft – bei der Wahl am 3.12. ihre Stimme abgegeben hatten. Allein unter diesen fanden sich sechs Wähler, die – nach eigener Auskunft – für mich votiert hatten. Das sind nicht 2,62 Prozent, sondern 12 Prozent. Das war die Ursache für die Anfechtung der Wahl.

Ganz vorn dabei in dieser Skandalisierungs-Kampagne war auch wieder die Südwestpresse. In meinem telegram-Kanal wurde das wie folgt kommentiert[135]:

Sehen wir hier die letzten Rückzugs-Gefechte einer untergehenden Klasse ...?

Der Mainstream-Platzhirsch im Südwesten, die „Südwestpresse", beschuldigt in der Ausgabe vom 8. Dezember 2023 einen OB-Kandidaten,

135 https://t.me/drdaniellanghans/35236

- *er würde die Menschen fragen, ‚wen sie gewählt haben'*
- *wer würde behaupten, es habe ‚Wahlbetrug' gegeben.*

Falsch ist die Aussage, ich hätte – in der aktuellen, noch ungeklärten Situation – gegenüber irgendwem von ‚Wahlbetrug' gesprochen.

Falsch ist die Aussage, ich würde die Menschen fragen, ‚wen sie gewählt haben'.

Richtig ist, dass ich heute (7. Dezember) Vormittag dem anrufenden Journalisten auf seine Fragen – zweimal – geantwortet habe:

‚Es ist NICHT verboten, die Menschen zu fragen, wen sie NICHT gewählt haben.' Richtig ist, dass es konkrete Anhaltspunkte dafür gibt, dass im Ulmer Ortsteil Grimmelfingen von 1160 Wahlberechtigten möglicherweise mehr als (die vom amtlichen Wahlergebnis behaupteten) sieben Menschen ihre Stimme für den Kandidaten der Wahrheitsbewegung abgegeben haben.

Richtig ist, dass ich heute am Telefon abgelehnt habe, über den aktuellen Sachstand der laufenden Ermittlungen Auskunft zu erteilen.

Was sind die Motive, wenn jemand Zuflucht nimmt zu – bewussten? – Falschaussagen ...?

Hat da jemand etwas zu verbergen ...?

In der Woche ab 11. Dezember überschlugen sich dann die Ereignisse. Noch am Montag-Abend berichtete die Südwest-Presse[136], das Wahl-Ergebnis sei angefochten worden. Am nächsten Nachmittag war ich – wie bereits am Vortag, um mich über das Prozedere zu informieren – im Regierungspräsidium Tübingen, um den schriftlichen Einspruch zu übergeben.

Am Vormittag fand die Verhandlung vor dem Amtsgericht in Ravensburg statt – wegen der Rede, die ich am 15. Januar 2022

136 https://www.swp.de/lokales/ulm/ob-wahl-in-ulm-ulmer-oberbuergermeisterwahl-wird-angefochten-72495951.html?fontLevel=1

bei einer Kundgebung vor der Oberschwabenhalle gehalten hatte. Die Neu-Ulmer Zeitung brachte dieses Sujet mit der Überschrift „Ulmer OB-Kandidat Langhans wegen Volksverhetzung verurteilt".

Wer – in Deutschland – solche Schlagzeilen hat, braucht keine Feinde mehr ... Da hilft auch nicht der Hinweis, dass es a) ohnehin nur ein Meinungs-Delikt und b) gar nicht rechtskräftig ist, mithin die Unschuldsvermutung gilt. Der Stempel kommt einer Tätowierung gleich – und er wirkt nachhaltig. Und die Repräsentanten der Medien wissen das. Und doch setzen sie – ja, buchstäblich skrupellos – um, was in ihren redaktionellen Leitlinien bzw. Handbüchern steht ...

Doch es gibt immer Möglichkeiten – und man kann sie nutzen. Am 18. Dezember lud ich die Vertreter zu einer Presse-Konferenz[137] in das Café Einstein in Ulm ein. In der Pause gab es einige Interviews mit den regionalen Konzern-Medien:

„Sie haben die Wahl angefochten. Warum?"

Weil ich denke, dass nicht richtig ausgezählt wurde.

„Und was haben Sie für Beweise? Sie haben ja den Verdacht, also wie begründen Sie den?"

Ich habe Menschen gefragt, ob sie zufällig das Kreuz bei Dr. Daniel Langhans gemacht haben. Und da habe ich prozentual einen ganz anderen Anteil[138] ermittelt.

---

137 https://odysee.com/@doktorlanghans:6/18-12-2023,-ulm-es-gibt-einen:4 // https://youtu.be/CLQn-h9b_2Q

138 https://wahlergebnisse.komm.one/lb/produktion/wahltermin-20231203/08421000/ praesentation/ergebnis.html?wahl_id=1400&stimmentyp=0&id=ebene-6622_id_10689

Nun kann man das so oder so interpretieren, aber für mich ist das eine Irritation, die zu beseitigen wäre.

„Jetzt hat das Regierungspräsidium auch reagiert. Sinngemäß: was wurde Ihnen mitgeteilt?"

Mir wurde gesagt, dass über die ‚Zulässigkeit' und ‚Begründetheit' – also zwei verschiedene Kriterien – entschieden wird, im Neuen Jahr.

„Jetzt war gestern die Stichwahl zur OB-Wahl; es wurde ein neuer Bürgermeister gewählt; an der Wahl wird sich wohl nichts mehr ändern. Aber dennoch bleiben Sie dabei, weiter dagegen vorzugehen?"

Für mich ist das Thema Wahlanfechtung in dem Moment erfüllt, wenn geklärt ist, wie der Stimmenanteil tatsächlich gewesen ist. Ich kann nur wiederholen: Ich denke, dass es da eine falsche Zuweisung gegeben hat. Das sind die Eindrücke, die ich gesammelt habe, und auf der Basis möchte ich gern eine Untersuchung. Mein Maximalziel: Was ich gut finden würde, wenn es in Bezug auf einige Wahlbezirke eine öffentliche, physische Neuauszählung geben würde – so dass die Öffentlichkeit genau sehen kann: Aha, hier ist mit Kugelschreiber und dort mit Bleistift ausgefüllt. – Mehrere Stichproben in einigen Wahlbezirken; das würde ich mir wünschen. Ob es dazu kommt weiß ich nicht; aber jetzt wissen Sie, was mein Ziel der Wahlanfechtung ist.

„Sie haben ja im Wahlkampf gesagt, dass es schwer für Sie sein würde, Ihre Wähler zu mobilisieren[139]. Haben Sie das auch tatsächlich so festgestellt?"

---

139 Völlig unklar, aus welchen Äußerungen im Wahlkampf sich diese Frage ableiten lässt ... – Ich hatte in einer Versammlung gesagt, dass „meine Zielgruppe" speziell im Bereich der Migrationsbevölkerung (der zweiten und dritten Generation) sehe.

Diejenigen, die ich mobilisieren wollte, die habe ich erreicht. Von daher denke ich: Was möglich war an Stimmen, das habe ich auch bekommen. Ob es eben nur „2,62“ der Stimmen waren, das erscheint mir zweifelhaft.

„Und hatten Sie diese Idee, die Wahl anzufechten, vielleicht vorher schon?“

Nein, definitiv nicht im Vorfeld. Nicht mal am Sonntag-Abend; nicht mal am Montag kam mir diese Idee, wenn nicht – wie ich das heute berichtet habe – ein Freund auf mich zugekommen wäre, der mir sagte, er habe zwei Wochen vor der Wahl die Sonntagsfrage beantwortet und dabei seien ihm 25 % angezeigt worden, die auf meinen Namen entfallen waren. Und das schien mir dann – ein Faktor 10 – doch recht seltsam, und da wollte ich doch mal mehr wissen, und dann habe ich eben diese Nachfragen gemacht, in einem bestimmten Wahlbezirk. Und das hat dann für mich die Basis gebildet, um zu sagen: Kann denn das hier mit rechten Dingen zugegangen sein, und es ist doch gutes Recht, dass man fragt: Lässt sich das mal überprüfen, was wir hier als Stimmenverteilung serviert bekommen.

Noch einmal wurde die Frage nach der Motivation für die Wahlanfechtung gestellt. Die Antwort lautete:

Ich möchte in einer Demokratie gewährleistet sehen, dass die Bürger wahrheitsgetreu informiert werden über die Verteilung der Stimmen. Und ich habe Anhaltspunkte dafür, dass das hier in Ulm nicht der Wirklichkeit entsprechend bekanntgegeben wurde: 2,62 Prozent der Stimmen erscheint mir aufgrund von Anhaltspunkten, die ich gewonnen habe, zu gering.

Welche Beweise haben Sie denn?

Anhaltspunkte habe ich. Durch persönliche Befragungen. Deshalb will ich das auch nicht ‚Beweise‘ nennen. Aber für mich genügt es, um hellhörig zu werden, und deshalb würde ich es gern genau wissen.

Was war denn Ihre Motivation, Oberbürgermeister zu werden?

Danke für die Frage. Es ist so, dass in dieser Welt etwas läuft. Die Menschen spüren, dass da ‚von oben' permanent irgendwelche ‚Vorgaben' kommen. Ich nenne nur das Thema ‚Klima' , das Thema ‚Corona' , das Thema ‚Kriege': Wir sollen bezahlen für Kriege, die in fernen Ländern stattfinden; für Militär, das anderes Militär und auch Zivilbevölkerung überfällt, wie jetzt gerade im Heiligen Land. Wir sollen das bezahlen. Da werden Fahnen aufgehängt ...
Wenn ich das im Wahlkampf dann anspreche, da wird gesagt ‚das gehört hier nicht her, wir wollen hier nur kommunalpolitische Themen erörtern!' Aber die Fahnen hängen am Rathaus; die Menschen sollen bezahlen – für Dinge, die sich in fernen Ländern abspielen! Alle Menschen spüren eigentlich: Hier ist was ‚im Busch' – und ich denke, die Menschen haben ein Recht darauf zu erfahren, was da eigentlich vor sich geht! Und da ich die letzten dreieinhalb Jahre genutzt habe, um ein wenig tiefer zu schürfen – manche sprechen dann von ‚ganz, ganz schlimmen' Dingen, von ‚Verschwörungstheorie'. Ich habe einfach nur ein wenig tiefer geschürft und habe Beweise – hier passt das Wort ‚Beweise', dass es tatsächlich globale Akteure sind, die ihre Agenda – „Agenda 2030", 17 „Sustainable Development Goals" – über die ganze Welt ausrollen wollen.

Und ich denke, dazu haben sie kein Recht. Die Menschen sollen entscheiden, was mit ihnen gemacht wird; und es muss aufhören, dass Politiker einfach nur sagen – wie wir das ja erlebt haben im April 2023, auf zwei verschiedenen Versammlungen, sowohl auf Neu-Ulmer wie auf Ulmer Seite: Da hieß es: ‚Klimaschutzkonzept' und ‚Brüssel' und pipapo ... – Die Menschen wollen selber entscheiden, was Sache ist!

Und das war der Grund, warum ich kandidiert habe – unabhängig davon, was für Aussichten meine Kandidatur hatte. Ich wollte – allein durch die Kandidatur! – deutlich machen: Ihr Menschen seid der Souverän! Und nicht die Politiker, die sich dann ‚von oben' irgendwas ‚vorgeben' lassen!

Zu den laufenden Gerichtsverfahren in Hannover und Ravensburg wurde ich gefragt, nach den Gründen für die „Anfechtung":

Es sind ja zwei völlig verschiedene Verfahren, auch zwei verschiedene Straftatbestände, die mir vorgeworfen – und wenn Sie das bitte genau so auch aufnehmen: – ‚vorgeworfen' werden! Es gibt weder im einen noch im anderen Fall eine Rechtskräftigkeit des Urteils. Interessant ist, dass genau das Gegenteil bei den Menschen bewirkt wird. Ich werde am Freitag beim Spaziergang von Freunden empfangen mit den Worten: ‚Du Daniel, bei Radio-7 bisch du als Volksverhetzer komma …!'

Das ist die Wirkung, die erzielt wird! Warum? – Weil wir alle wissen, dass Überschriften sehr, sehr starke Wirkung haben (die Redakteurin nickt) auf das limbische System, das für Triebe und Emotionen zuständig ist. Und das wirkt sehr nachhaltig und sehr tief auf die Menschen. Und ich behaupte mal, 8 von 10 Menschen, die also etwas über den Dr. Langhans und das, was man ihm vorwirft und was da in Ravensburg gelaufen ist, erfahren haben, wissen nicht, dass das gar nicht rechtskräftig ist (die Redakteurin nickt unwillkürlich), weil viele nämlich gar nicht bis zum Ende durchlesen, wo dann irgendwo steht: ‚Ach, übrigens hat er auch noch Berufung eingelegt …'

Das ist eine Frage der Fairness der Medien: Wie ‚berichtet' man über solche Dinge? Wie stempelt man einen Menschen ab? Und darüber werden wir auch heute bei unserer Presse-Konferenz im Live-Stream noch sprechen: Wie sieht es eigentlich mit der Unschuldsvermutung aus? Was hat es damit auf sich? Warum ist die wichtig in einer

Demokratie? Und da würde ich mir ein bisschen mehr Fairness von Euren Kollegen erwarten ... (die Redakteurin nickt wieder).

Was haben Sie da in der Rede gesagt, was in Ravensburg verhandelt wurde?

In Ravensburg habe ich gesagt, dass ich es NICHT für vergleichbar halte, was im Nationalsozialismus Menschen angetan wurde und was aktuell durch die Corona-Spritze den Menschen angetan wird; weil ich bestimmte Merkmale gefunden habe, die es als ‚nicht-vergleichbar' erscheinen lassen – eigentlich müsste man sagen ‚nicht gleichsetzbar' . Denn das ist es ja, was man meint: Wenn einer sagt ‚du darfst nicht vergleichen', dann ist ja eigentlich gemeint ‚du darfst nicht gleichsetzen'. Der, der sagt ‚man darf dies und das nicht vergleichen' – also speziell, wenn es um diese zwölf Jahre, diese schrecklichen Jahre der deutschen Geschichte geht –, der vergleicht ja selbst auch, indem er sagt: ‚Das war so schlimm, wie vorher nichts schlimmer war und nachher nichts schlimmer sein wird!' – Das will er ja damit sagen. Eigentlich ist das ja ein Vergleich. Da merkt man schon: Diese ganzen Begriffe sind ins Schwimmen gekommen.

Da gilt es einfach, Klarheit zu behalten, und meine Rede in Ravensburg diente dazu, die Klarheit des Blicks zu bewahren – nämlich deutlich zu machen, dass wir in einer großen Gefahr sind (die Redakteurin nickt wieder), denn wenn Menschen zum Arzt ihres Vertrauens gehen – jetzt sage ich fast wörtlich das, was ich damals im Januar 22 in Ravensburg gesagt habe – und sie denken, da werden sie geschützt vor einer Krankheit, die ihnen möglicherweise den Tod bringen kann (so dachten ja ganz viele Menschen!), und dann kriegen sie eine Spritze.

Und dann stellt sich heraus: Diese Spritze ist gar nicht überprüft, erstens auf die Wirkung hin, die sie erzielt; und zweitens überprüft darauf, ob derjenige, der sie bekommen hat, vor Ansteckung an andere geschützt ist. Das hat sich jetzt gezeigt, Sie haben es vielleicht mitbekommen, bei der Europäischen Arzneimittelbehörde EMA: Die hat nämlich ganz offen schriftlich zum Ausdruck gegeben, dass diese Spritze niemals gewährleisten konnte, die Ansteckung zu verhindern. Und damit ist eigentlich alles, was ‚Corona'-Narrativ war, was den Menschen aufgepresst wurde, im Nachhinein wie ein Luftballon zerplatzt![140]

Auch bei der Pressekonferenz selbst war das Thema „Wahlanfechtung" behandelt worden. Dort führte ich aus:

Es ist ja das Wahlergebnis noch am Abend des 3. Dezember verkündet worden. Es waren fünf Bewerber, und den offiziell gemeldeten Prozentsatz der Stimmen mit 2,62 % hätte ich hingenommen, wenn mich nicht am übernächsten Tag ein Freund angesprochen hätte, der mir sagte, er habe zwei Wochen vor der Wahl an einer „Sonntagsfrage" teilgenommen: ‚Das Ergebnis war, dass sich bis zu diesem Zeitpunkt 935 Nutzer beteiligt hatten; es lag mit ca. 40 % der Stimmen Herr Czisch in Führung, und mit 25 % warst Du, Daniel, an der zweiten Stelle.'

Soweit der befreundete Blumenhändler aus der Weststadt. Dann habe ich gesagt, wenn das so ist – wo bekommen wir belastbare Informationen her? Was ist dann genau geschehen? Es wurde ja dann das Ganze problematisiert durch ein Medium hier aus der Region, ich hätte in einem bestimmten Wahlbezirk die Menschen gefragt, ‚wen sie gewählt haben'. Also, das darf ich deutlich zurückweisen. Ich habe niemanden gefragt: ‚Wen haben Sie gewählt?'

---

140 Anstoß nahm die Staatsanwaltschaft an der Benennung jener vier Merkmale, aufgrund derer am 15. Januar 2022 von mir die „Nicht-Vergleichbarkeit" – was ja bedeutet: „Nicht-Gleichsetzbarkeit" – behauptet worden war. Aufgrund einer höchst restriktiven Rechtsauslegung des § 130 StGB wollte man darin eine „Verharmlosung" erkannt haben und hatte ein Straf-Verfahren gegen mich eröffnet.

Stattdessen habe ich meinen Gesprächspartner jeweils gefragt, ob er an der Wahl teilgenommen hat. Und da habe ich Stichproben gemacht. Wenn dann bemängelt wird, dass – doch tatsächlich! – an Haustüren geklingelt worden sei, dann möchte ich antworten: Es gibt weitaus unmoralischere Gründe, an einer Haustür zu klingeln, als den, einen möglichen Wahlbetrug aufzuklären.

Und dann kam folgendes Ergebnis heraus: Ich hatte etwa 100 Menschen gefragt; eher weniger. Und weniger als 50 haben mir gesagt, sie hätten an der Wahl teilgenommen. Und bei dieser Stichprobe habe ich sechs Menschen identifiziert, die das Kreuz bei meinem Namen gemacht haben. Das war am Mittwoch nach der Wahl (am 3.12.). Wenn das so ist – 6 aus 50 sind ja 12 Prozent, aus dieser Stichprobe, ich hatte ja viele gar nicht erreicht, weil die allermeisten ja tagsüber gar nicht zuhause sind – dann sollte man das genauer überprüfen. Und das war der Grund, warum ich die Wahl nach §31 Kommunalwahlgesetz von Baden-Württemberg angefochten habe. Dort heißt es, man muss dazu 100 Unterstützer-Unterschriften von Wahlberechtigten einreichen. In demselben Paragraph wird aber auch gesagt, dass ein Bewerber, der seine Rechte als Bewerber ‚eingeschränkt' sieht, diese 100 Unterschriften nicht benötigt.

Und auf dieser Basis habe ich dann die bis dahin gesammelten 75 Unterschriften abgegeben und mich auf den entsprechenden Passus im Gesetzestext berufen. Das war am Dienstag, nachdem ich mit Herrn Dr. Weber, dem zuständigen Referatsleiter beim Regierungspräsidium, am vorangegangenen Montag – eine Woche nach der Wahl, also am 11. Dezember – vor Ort in Tübingen gesprochen hatte, und er mir Zeit gegeben hatte bis Dienstag. Und dann habe ich meine Wahlanfechtung durch einen handgeschriebenen Brief dort überreicht.

Noch am selben (Dienstag-)Abend wurde online berichtet, dass die Wahlanfechtung erfolgt sei. Herr Dr. Weber hat mir heute per email geschrieben: „Der weitere Verlauf der Wahlanfechtungs-Angelegenheit wird sein, dass wir die Zulässigkeit und Begründetheit Ihres Einspruchs prüfen. Dies wird allerdings in diesem Jahr nicht mehr erfolgen können."

Ob ich denn der Ansicht sei, bin ich in den letzten Tagen gefragt worden, dass die Wahl in den Ergebnissen so sehr manipuliert worden sei, dass am Ende sogar ein weitaus höherer Stimmenanteil herausgekommen und ich in die Stichwahl gekommen wäre. Wenn die Frage so gestellt wird, antworte ich mit ‚nein'. Wohl aber denke ich, dass mit dem Prozentsatz 2,62 % etwas nicht stimmen kann – nach dem, was ich für Erhebungen gemacht habe.

„Wenn Sie es eh nicht vermutet haben, dass eine Korrektur das Wahlergebnis verändert, warum fechten Sie dann also an?", war die Frage einer Journalistin.

Ja, die Antwort dazu habe ich schriftlich dargelegt: Die Öffentlichkeit habe ein Recht darauf zu erfahren, wie hoch der Stimmenanteil tatsächlich gewesen ist. Und wenn die 2,62 % sehr fragwürdig erscheinen, dann muss es eine Möglichkeit geben, den Einspruch geltend zu machen – und andere haben dann zu entscheiden, ob er angenommen wird.

Um es hier kurz zu machen: Im Januar 2024 wurde die Wahlanfechtung vom Regierungspräsidium Tübingen zurückgewiesen. Es hätten mir gegen diese Entscheidung noch Rechtsmittel zur Verfügung gestanden – doch erschien es aussichtslos, die tatsächlichen Umstände der Wahl zwei Monate später noch genauer zu rekonstruieren. Noch gravierender indes war der zweite Umstand – das Etikett „Volksverhetzung"...

Natürlich war dieses Urteil blanker Unsinn – wovon sich jeder überzeugen kann, der sich diese Rede anhört[141]. Gleichwohl stürzten sich die Mainstream-Medien sofort darauf. Sogar überregional

141 Die Rede kann jeder selbst finden auf dem Kanal: https://odysee.com/@doktorlanghans:6?view=content

wurde „berichtet“. Anfang Februar schließlich stellte sich – schon bei den ersten Stichproben, die von Ulmer Bürgern in einem anderen Wahlbezirk gemacht wurden, heraus, dass kaum jemand der Befragten noch etwas mit einem Mann zu tun haben wollte, der wegen angeblicher „Volksverhetzung“ – wenn auch nicht rechtskräftig – verurteilt worden war.[142]

Am Tag nach jenem 7. Februar 2024 klingelte mein Telefon. Den Verlauf des Gesprächs habe ich sogleich in einer Aktennotiz[143] festgehalten, hier der Wortlaut:

V wie Vendetta ...? Redakteure und die Vorgaben der „Blattlinie“ – Aktennotiz

Es ist Donnerstag, 8.2.2024, kurz nach 10 Uhr. Ich bekomme einen Anruf von einem Redakteur aus einem Medienhaus in Ulm. Es geht um die gestern und heute verbreiteten ‚Nachrichten‘, da seien ‚falsche Umfrager‘ unterwegs, welche den Menschen ungehörige Fragen zur OB-Wahl vom Dezember in Ulm stellen. Er beginnt damit, dass die Redaktion von der Stadt Ulm eine email bekommen habe, wonach an den Haustüren von Ulmer Bürgern aktuell Umfragen zur OB-Wahl gemacht würden – und dass die Stadt Ulm sich davon distanziere. Und ich hätte ja auch im Dezember solche Umfrage-Aktionen durchgeführt, damals in Grimmelfingen ... Dann ist er still und wartet, ob ich etwas sage.

Nach einer spürbaren Pause sage ich: Was erwarten Sie jetzt ...? – Hm. Eine Frage von mir, noch dazu eine solche, scheint er nicht erwartet zu haben.

Meine nächste Frage lautet: Leben wir in einer Demokratie? Er bejaht die Frage, was mich zur nächsten Frage führt: Hat in einer

---

142 Mehr zu diesen Themen in Band 2 dieser Buchreihe: „In den Fängen der Polit-Justiz“

143 Die Aktennotiz ist verfügbar im Archiv der Stadt Ulm und im Archiv des Autors.

Demokratie jeder Mensch das Recht, einem anderen Fragen zu stellen? – wobei dem anderen überlassen bleibt, ob und was er antwortet … – Auch hier bekomme ich ein ‚Ja' von meinem Gesprächspartner.

Dann sage ich: Sie und ich kennen das Ziel Ihres Anrufs. – Er schweigt. – Wenn wir das Ganze live machen würden – er unterbricht: Nein, das sei jetzt nicht live; ich vollende den Satz: dann wäre ich gern bereit, mit Ihnen zu sprechen.

Ich fahre fort: Schauen Sie, wir beide wissen, was Ende letzten Jahres hier in der Ulmer Region um meine Person medial abgelaufen ist. Und sie und ich wissen, mit welcher Tendenz in den Medien über mich ‚berichtet' wurde …

Ich erkläre ihm, dass ich mit den Redakteuren immer fair umgegangen bin; dass ich auf Anfragen zu Interviews immer bereit war – auch dann noch, als längst deutlich geworden war, mit welcher Tendenz die ‚Berichte' über mich versehen wurden. –

‚Können Sie verstehen, dass ich da jetzt zurückhaltend bin?' – Und er sagt ‚Ja'.

Dann verrate ich ihm noch, dass ich ja vor einigen Jahren mit vielen seiner Kollegen im Anzeigen-Vertrieb gearbeitet habe, als Kommunikationstrainer. Dass ich von daher einiges von dem Betrieb in einem Medienhaus kenne.

Ich sei gern bereit zu einem Live-Interview, wenn ich „die volle Kontrolle" über das habe, welche Inhalte von mir in welcher Weise gesendet würden. Dabei spüre ich – ja, wirklich – bei meinem Gesprächspartner Verständnis. Ja, er antwortet mehrmals mit ‚Ja'.

Scheint sich da etwas zu ändern im Moment …? Zum Positiven gar ? Mal sehen wie es weitergeht in diesem ‚V-wie-Vendetta'-Land[144] *… – Da haben die Medien nur eine Aufgabe …*

---

144 „V wie Vendetta" ist der Film nach dem gleichnamigen Comics von Alan Moore. Es geht um einen totalitären Staat – und insbesondere die Rolle der Medien … – ein sehenswerter Film, den man auf bitchute.com findet.

Kapitel 16

Anmerkungen zu unserem Menschenbild

Am 9. Dezember 2023 war ich zu einer Kundgebung in Reutlingen eingeladen. Vor mit der Regierung unzufriedenen Menschen auf öffentlichen Plätzen spricht man anders als bei einer Kandidaten-Vorstellung ... In einer hochemotionalen[145] Rede führte ich unter anderem aus:

Ich möchte zum Beispiel auch die Richter, die Polizisten, die Behördenmitarbeiter ansprechen – wo inzwischen auch etwas in Bewegung gekommen ist; die sich auch ihre Fragen stellen:

Dieser sog. ‚Impfstoff' wurde nie darauf getestet, ob er wirklich vor Ansteckung schützt. Das ist jetzt im November 2023 amtlich.[146] Und damit sind alle, die sich nie haben die Spritze geben lassen und diesem Narrativ niemals gefolgt sind, jetzt auf der richtigen Seite der Geschichte. Wir haben durchgehalten! (Beifall)

---

145 Nur als Anmerkung: Wer an emotionalen Reden Anstoß nimmt, dem sei empfohlen, die Flugblätter der Widerstandsbewegung „Weiße Rose" im NS-Staat zu lesen. Auch aus diesen Texten spricht die – hochemotionale – Fassungslosigkeit darüber, dass das Volk der Deutschen sich in eine derartige Diktatur wie in Pech hat buchstäblich eintauchen lassen. Eben diese Fassungslosigkeit kann einen Menschen heute ergreifen ...

146 „In einem Brief vom 18. Oktober 2023 schreibt die Europäische Medizinagentur EMA: Sie haben in der Tat recht, wenn Sie darauf hinweisen, dass die COVID-19-Impfstoffe nicht zur Verhinderung der Übertragung von einer Person auf eine andere zugelassen sind. Die Indikationen sind nur zum Schutz der geimpften Personen vorgesehen." – https://www.ots.at/presseaussendung/OTS_20231201_OTS0094/ema-bestaetigt-fremdschutz-bei-impfungen-nie-zertifiziert-jetzt-ist-juristische-aufarbeitung-gefragt

Ich möchte jetzt die Menschen ansprechen, die sich haben reinziehen lassen … weil sie keine andere Chance sahen, ihre eigene berufliche Existenz zu sichern. Denn davon hat es Hunderttausende in diesem Land gegeben, die diesem Druck folgten mussten oder glaubten folgen zu müssen:

Lebst Du in einem Land, in dem du alles denken und alles sagen darfst, was du für richtig hältst. (Zwischenrufe: „Nein!") Oder ist es so, dass das, was ‚Wahrheit' ist, von irgendwelchen Kräften festgelegt werden will („Ja!").

Darf in diesem Land frei und offen, zum Beispiel, wer der Schuldige im Ukraine-Krieg, im Krieg im Heiligen Land ist? Oder ob CO_2 eine große Bedrohung für die Menschheit darstellt. Darf in diesem Land offen diskutiert werden, oder aber ist es so, dass bestimmte Meinungen ganz gezielt zurückgehalten werden? („Ja …")

Ist es so, dass alle Menschen in diesem Land das Recht haben – und zwar faktisch: wird es ihnen zugestanden? –, ihre Meinung zu äußern, oder gibt es sog. Meinungsführer in diesem Land – Leader, die behaupten, sie vertreten die Wissenschaft und niemand anders darf etwas sagen? (Zwischenruf: „So ist es")

Ist es so, dass diejenigen, die abweichende Meinungen haben, als Abweichler toleriert werden, als Dissidenten anerkannt sind oder aber ist es so, dass sie als Feinde betrachtet und mit abwertenden Begriffen belegt werden – wie z. B. ‚Leugner' (Corona-, Klima-) –, dass solche Begriffe herausgeholt werden aus der finstersten Ecke des Mittelalters. Da wurden die Menschen auch gegenseitig als ‚Leugner' oder ‚Hexe' bestimmt. Leben wir in einem Land, wo Menschen mit anderen Ansichten geachtet und geschätzt werden? Oder ist es so, dass diese Menschen von anderen, die irgendwelche Macht haben, geringschätzig betrachtet werden? („Ja …")

Wir sprachen schon davon, dass bestimmte Begriffe das Denken prägen, z. B. ‚Putin-Versteher' – ein Begriff, der schon sehr früh geprägt wurde. Da gab es noch lange nicht den jetzigen Ukraine-Konflikt. Es ist mehr als zehn Jahre her, als die NATO sich Stück für Stück immer weiter ausdehnte und Menschen warnten, man müsse auch die Russische Föderation verstehen – da wurden solche Menschen als ‚Putin-Versteher' geringschätzig betrachtet. Worauf aber deutet es hin, wenn bestimmte Begriffe absolut gesetzt werden und wenn Menschen mit Begriffen zu Feinden gemacht werden – ist das ein Zeichen für demokratische Verhältnisse oder aber für totalitäre Verhältnisse ... (Zwischenruf: ‚totalitäre!' ...)?

Und das rufe ich Euch Richtern zu: Viele von uns haben immer noch Prozesse am Hals, aus der Zeit der sog. ‚Corona'-Maßnahmen, und Ihr Richter und Staatsanwälte – von euch wird verlangt, dass Ihr diese Menschen verurteilt ... ist die Staatsanwaltschaft unabhängig („Nein!") oder ist sie dem Gehorsam der Politik verpflichtet? – Und das hat ein vorbildlicher Demokrat, nämlich Heribert Prantl, schon in einem Video[147] *festgestellt, dass das ein Geburtsfehler der Justiz in unserem Land ist. Aber das, was wir in den letzten vier Jahren erlebt haben, hat uns so stark gemacht, dass wir die wirkliche Demokratie und den wirklichen Rechtsstaat in diesem Land erringen werden ... (Beifall)*

Hat es in den letzten Jahren Fälle gegeben, wo Menschen allein dafür, dass sie die Gesundheitspolitik der Regierung kritisiert haben, (erregt:) auf den Boden geworfen wurden? Und an der Art, wie ich das ausspreche, merkt Ihr schon, wie uns das immer noch erschüttert. Mit vier Polizisten hat man sich auf schwangere Frauen gestürzt! Wir haben diese grässlichen Szenen noch im Kopf. Ich sehe immer noch einen, dem sie die Hände hinter dem Rücken festhalten – kennt Ihr

---

147 https://www.bitchute.com/video/QeuAAV2EK5kR/ // Auf der Zensur-Plattform Youtube wird dieser Beitrag von H. Prantl immer wieder mal gelöscht ...: https://www.youtube.com/watch?v=q8UYQaLR2_o

das Video? –, und da kommt ein Polizist und haut ihm mit dem Knie gegen den Kopf! Das war rohe Gewalt gegen Menschen, die einfach nur für die Grundrechte auf die Straße gegangen sind, und so etwas wollen wir nie wieder haben! (Beifall)
Und deshalb meine Frage an die Richter: Wollt ihr dazu beitragen, dass wir in diesem Land eine wirkliche Demokratie und einen wirklichen Rechtsstaat wieder einkehren lassen?

1. *Wenn ein Regime den Anspruch erhebt (‚Klima', ‚Ukraine' oder ‚Israel') die Wahrheit allein zu besitzen,*
2. *Wenn rationale Kritik Andersdenkender keine Chance hat,*
3. *Wenn diejenigen, die die Menschen mit ihren sog. ‚Wahrheiten' beherrschen, durch die Polizei und den Staatsapparat geschützt werden (wenn ‚Führer' ganz gezielt abgeschirmt werden gegen das eigene Volk),*
4. *Wenn diejenigen, die die Narrative kritisieren, als böse dargestellt werden,*
5. *Wenn eigene Sprachsysteme entwickelt werden (Stichwort ‚Alltagsmaske' = ‚was Ihr jetzt jeden Tag tragen müsst'), wenn also Begriffe gezielt gemacht werden, um Menschen in ihrem Denken gefangen zu halten,*
6. *Wenn Grundrechte verletzt werden unter dem Vorwand, es sei ja nur eine ‚Einschränkung',*
7. *Wenn dieses gesamte Chaos mit Gewalt durchgesetzt wird, – dann ist das ein Zeichen für ein totalitäres System. Und wisst Ihr wo ich diese sieben Punkte herhabe? Von der Bundeszentrale für politische Bildung ... Das ist der Artikel ‚Totalitarismus' – das kann jeder nachlesen.[148] (Beifall)*

148 Artikel von Hans-Gerd Jaschke vom 31.1.2008: https://www.bpb.de/themen/linksextremismus/dossier-linksextremismus/33699/ totalitarismus/

Und Euch Richtern rufen wir zu: Besinnt Euch auf Euren Amtseid! Besinnt euch darauf, welche Ordnung Ihr zu schützen berufen seid und auch versprochen habt.

Letztlich geht es ja, wie wir wissen, bei all diesen Themen, welche die gesellschaftliche Ordnung betreffen und die Einführung totalitärer Strukturen zum Inhalt haben, um das Bild vom Menschen: Ist der Mensch so was wie eine Ameise – oder hat er eine geistige Dimension, die ihn von allen Tieren unterscheidet?

Darauf den Blick zu lenken, war mir in der gesamten Zeit meiner öffentlichen Arbeit immer ein Anliegen. Und so kam ich auch in Reutlingen gegen Ende des Beitrags auf das Menschenbild[149] zu sprechen:

... Wer ist der Ansicht, dass Liebe zwischen zwei Menschen dasselbe ist wie zwischen zwei Tieren? (Pause; wenige Arme heben sich)

Was ist der Unterschied zwischen Mensch und Tier ? (Zuruf: ‚es gibt keinen ...') Schön, dass wir auch unterschiedliche Ansichten haben dürfen. Meine Ansicht dazu ist, dass der Mensch zu einer Form der Liebe gerufen ist, die ich mit einem berühmten Psychologen, Viktor Frankl[150], auf den Begriff bringen kann:

‚Liebe ist ein intentionaler Akt.'

Was bedeutet das? Das bedeutet, dass Liebe mehr ist als ein Sich-zu-dem-Anderen-Hingezogen-Fühlen. Wer Liebe erfahren hat, der weiß, dass da noch viel mehr drinsteckt: Liebe richtet sich auf den Anderen.

// vgl. Ulrich Mies, Das 1x1 des Staatsterrors. Der neue Faschismus, der keiner sein will (Hamburg 2023)

149 Für Details sei verwiesen auf den 4. Band in der Reihe „Fröhlich im Widerstand".

150 https://www.elisabeth-lukas-archiv.de/willkommen/elisabeth-lukas/zu-frankls- liebesbegriff/

Liebe ist etwas, was sich auf sein Wesen richtet! Das hat dieser Psychologe zum Ausdruck gebracht. Er sagt:

‚Liebe, so könnte man sagen, lässt uns des Wert-Bilds eines Menschen ansichtig werden.'

Jemand anders hat dasselbe wie folgt in Worte gefasst: Liebe heißt: Ich glaube daran, dass Du der wirst, der du sein sollst – von deinem Schöpfer her. Dass Du das Potential, das in Dir drin ist, entfalten kannst. Ich glaube an Dich! – Das ist auch eine Form zu sagen ‚Ich liebe Dich'.

Warum ist das wichtig? Weil wir in eine Zeit hineingerutscht sind, wo uns aus den Fenstern, in den Medien verkündet wird: ‚Ach, wenn es vorbei ist zwischen Dietrich und Elke, dann ist es für immer vorbei!'

Meine Frage: ist das zwingend? Oder könnte es zu dem Augenblick kommen, da plötzlich wieder aufflammt, was – sozusagen – im Verborgenen nur geglüht hatt? Weil vielleicht einer von beiden dieses Wert-Bild des Anderen in seinem Herzen getragen hat – und damit nie aufgehört hat![151]

Versteht Ihr, worum es geht?

Es geht darum, dass man mit all diesen Diskussionen (‚Wenn Du Dich davor nicht schützt, kannst Du sterben!') und dieser Angstmache … – auch unser Menschenbild verändern wollte!

Aber wir haben etwas in uns, das ich die Vertikale nenne! Das heißt wir sehen nicht nur das, was um uns herum ist. Sondern es gibt tatsächlich das Absolute. Es gibt so etwas wie das Wahre und das Gute. Und dafür setzen wir uns ein! (Beifall)

Angesichts der hier wiedergegebenen Text-Passagen kann sich jeder sein eigenes Bild machen – und überlegen, inwieweit die von

151 https://www.georg-häfner-kreis.de/ // https://soundcloud.com/user-153778223/sets/liebe-in-den-dunklen-tagen-der-ehe-1

der Südwest-Presse zu dieser Rede gewählte Schlagzeile die Realität trifft:

„Fakenews verbreitet: So lief die Demo mit dem Ulmer Ex-OB-Kandidaten Daniel Langhans“[152]. Im Artikel war dann „der gescheiterte Ex-OB-Wahlkandidat“ erwähnt, womit die Redaktion exakt das umsetzte, was ja bereits am 13.November in der ersten Kandidaten-Veranstaltung im Ulmer Kornhaus thematisiert worden war: Der respektlose Umgang von Konzern-Medien[153] mit Menschen, die sich für ein Amt bewerben und dafür finanzielle Mittel und Lebenszeit investieren ...

Doch mir will scheinen, dieses Imperium, welches darin besteht, dass eine kleine Zahl von Machern von „Informationen“ bestimmen kann, wie die Realität von den Konsumenten wahrgenommen wird, geht dem Ende zu, und Millionen von Menschen sind nicht nur Zeuge dieses Prozesses, sondern haben ihn seit nunmehr vier Jahren, seit Beginn des „Aufwach“-Prozesses im Zug einer angeblichen „Pandemie“, täglich vorangetrieben.

Gleichwohl gestaltet sich dieser Prozess recht zähflüssig. Und immer wieder zeigt sich, dass viele Menschen noch Zeit brauchen – Zeit, um „aufzuwachen“ und zu verstehen, was in den letzten Jahrzehnten tatsächlich und buchstäblich „mit ihnen gemacht“ worden ist. Mit einem besonders eindrücklichen Beispiel dazu wollen wir uns im abschließenden Kapitel befassen ...

---

152 https://www.swp.de/lokales/reutlingen/angebliche-_friedensdemo_-in-reutlingen-fakenews-verbreitet_-so-lief-die-_friedensdemo_-72484077.html

153 Bereits ein Jahr zuvor, am 1.12.2022, war, nach einer Kundgebung getitelt worden: „Neu-Ulmer Verschwörungstheoretiker hetzte in Reutlingen. Jüngst war mit Daniel Langhans ein Redner in Reutlingen dabei, der an Geheimregierungen und Nationalsozialismus in der Ukraine glaubt“: https://www.swp.de/lokales/reutlingen/demos-in-reutlingen-neu-ulmer-verschwoerungstheoretiker-hetzte-in-reutlingen-67919139.html

Kapitel 17

Ulmer Ostermarsch bizarr

Lange nach all diesen Turbulenzen um die OB-Kandidatur sollte sich noch zeigen, welche Früchte die „gesteuerte Wahrnehmung“ – wie man die Medien-Kampagne gegen meine Person auch nennen könnte ... – unter vielen Menschen in der Region hervorgebracht hatte: Am Samstag vor Ostern wurde in Ulm der traditionelle Ostermarsch durchgeführt.

Der entsprechende Zettel mit der Einladung, daran teilzunehmen, war bei dem wöchentlichen Freitags-Spaziergang verteilt worden. Auch ich nahm mir vor, mitzulaufen. Man traf sich in der Weststadt, wo die Veranstaltung von den Organisatoren mit einer Eröffnungsrede eingeleitet wurde. Viele Teilnehmer waren mir – anders als bei den Freitag-Abend-Spaziergängen der letzten vier Jahre – unbekannt.

Die Anreise zur Moltkestraße war etwas hektisch verlaufen; glücklicherweise war unmittelbar neben dem Versammlungsplatz ein Parkplatz frei. Am Auto nahm ich zwei ausgediente Wahl-Werbeschilder, um daraus ein doppelseitiges Din-A0-Plakat anzufertigen und es beim Aufzug sichtbar in die Höhe zu halten – wie es bei vergleichbaren Kundgebungen inzwischen zur Regel geworden war.

Ich überlegte: Es geht heute hier um Frieden, und mein Anliegen ist es, die Ursachen und auch die Urheber von Kriegen ins Licht zu rücken. Und dann war der Gedanke geboren: Ich schrieb auf eine Seite: „Alle Kriege = Kriege der Global-Faschisten“, und auf der Rückseite fanden die Abkürzungen der einschlägigen internationalen Organisationen EU, WHO, UN sowie World

Economic Forum Platz. Die NATO zu erwähnen, hatte ich in der Hektik buchstäblich vergessen …
Ausgerüstet mit diesem Schild schloss ich mich der Kundgebung, die sich inzwischen in Bewegung gesetzt hatte, an. Am Schluss des Zuges hielten zwei Teilnehmer ein Banner, auf dem auch „gegen Krieg und Faschismus“ Stellung bezogen wurde. Als einer der beiden mein Schild sah, nickte er anerkennend – insofern er daran seine eigene Einstellung und Zielsetzung bestätigt fand. Es entwickelte sich zwischen uns ein kurzes Gespräch, wobei ich auf die Freitags-Spaziergänge zu sprechen kam; dort sei ich zum Ostermarsch eingeladen worden … – „Spaziergang …?“, fragte er verwundert, … „sind da nicht Extremisten dabei?“ – Meine Entgegnung war höflich und ruhig, in etwa mit folgenden Worten:

Also, ich habe da noch nie Extremisten gesehen. Und ich bin eigentlich von Anfang an, also seit vier Jahren, dabei.

Mein Gesprächspartner ahnte wohl in diesem Moment, dass ich eine – sagen wir – andersartige Denkströmung repräsentiere … – Wie um unser Gespräch nicht abreißen zu lassen, entgegnete er: „Aber die sog. ‚Basis‘ – die ist doch rechtsradikal, oder?“ – Als er auch dazu von mir keine Bestätigung ernten konnte, wurde unser Gespräch etwas einsilbig, ohne gleichwohl zu entgleisen. Wir verabschiedeten uns höflich, ich hatte ohnehin vor, im laufenden Aufzug weiter Richtung Spitze zu gelangen.

Das Gespräch beschäftigte mich noch, und mir schien das Bild, das er von den Freitag-Abend-Aufzügen abgespeichert hatte, als ein Ergebnis des üblichen Framings der konzerngesteuerten Massen-Medien. Das Wort leitet sich ab von „frame“ = Rahmen und bezeichnet eine Wahrnehmung, die von einem bestimmten Rahmen, der vorgegeben wird, geprägt – also gezielt gesteuert – ist.

Doch es sollte sich zeigen, dass diese Begegnung nur eine Art Auftakt gewesen war ...

Es gab bei drei verschiedenen Rüstungsfirmen Ulms jeweils einen Halt des Zuges. Dort wurden erstklassige Reden gehalten, vorgetragen von einem Mitorganisator, der sich als „Sensenmann" verkleidet hatte. Was seine Reden auszeichnete, war die Detailgenauigkeit, mit der er die Rüstungs-Anteile der Produktion benennen konnte – und dass er als der „Tod" daran besonderes Entzücken habe. Auf seiner Sense waren die Rüstungs-Firmen namentlich erwähnt.

Es muss wohl nach der zweiten Station gewesen sein, als sich plötzlich von der Seite jemand mir zuwandte. Er sprach mich auf mein gebasteltes Schild an und insbesondere auf die NGOs, die ich dort als durchgestrichen – also abzuschaffen – der Öffentlichkeit präsentierte. Er sei aber nicht gegen die UN, begann er das Gespräch ... – Als ich mich darauf nicht weiter einließ, sondern weiterging, löste er sich, um kurze Zeit später, mit dem Sensenmann – offenbar zur Verstärkung beigesellt – wiederzukommen. Ich war bereits dabei, von dieser kurzen Begegnung per Handy-Kamera den Zuschauern meines Kanals zu berichten, so dass die gesamte weitere Szene entsprechend dokumentiert vorliegt. Hier der Wortwechsel, der sich entwickelte:[154]

Ich glaube, wir müssen noch viel lernen ... – Ich bin jetzt gerade angesprochen worden, von einem der Organisatoren des Ostermarsches. Und ich habe hier auf meinem Schild stehen, dass die UN und die EU und das World Economic Forum durchgestrichen sind. Und dann sagt er zu mir: Ja, also er sei nicht gegen die EU ...

154 https://www.youtube.com/watch?v=NCig8IPbrmw // https://odysee.com/@doktorlanghans:6/30-03-2024,-ulm-versuch-einer:a

Aus dem hinteren Bereich des Aufzugs waren die beiden Organisatoren nun herangekommen – wie auf dem Bild der Videokamera zu sehen ist. Gleichwohl gelang es mir, den begonnenen Satz noch zu Ende zu bringen:

... und dann sage ich: Ich bin aber gegen die EU; genau ...

In diesem Moment legte mir mein vorheriger Gesprächspartner, fast jovial, die Hand auf die Schulter und sagte: „Ich habe zu dir gesagt, du sollst dein Plakat runternehmen, weil das nicht mit unserer Demonstration zu tun hat." – Spontan entgegnete ich:

Doch!

– was ihn allerdings nicht interessierte: „Wir sind für Frieden, und das ist unsere Veranstaltung! Wir haben die Veranstaltung organisiert und angemeldet!" (Inzwischen wurde auch der zweite Organisator – in seinem Sensenmann-Kostüm – vom Bild der Kamera eingefangen ...) „Wir haben die Veranstaltung organisiert und angemeldet – und nicht, dass du deinen Kruscht hier ..." (der zweite redet etwas Unverständliches dazwischen). „Nimm das bitte runter!"

In diesem Moment mischte sich ein dritter Gesprächspartner ein, mit der Kamera machte ich einen kleinen Schwenk auf ihn. Unverblümt – ja, schamlos ... – sagte er, meine Anwesenheit sei nicht erwünscht. – Fassungslos sagte ich in die Kamera:

Also, ich höre jetzt gerade, meine Anwesenheit sei ...

Wieder sprach einer dazwischen: „Es stört! Weil du rechtes Gedankengut hast!" Konsterniert, gleichwohl lächelnd wiederholte ich:

Ich hätte ‚rechtes Gedankengut'?

„Genau. Wir wollen Sie nicht hier", entgegnete der dritte. Glücklicherweise kam in diesem Augenblick wieder der erste ins Gespräch ein: „Jetzt sag' uns doch einfach mal, warum du hier mitläufst!"

Wir haben doch das gleiche Ziel!

„Was hast Du für ein Ziel?", begann nun eine Art Gesinnungsprüfung ... Immerhin entwickelte sich nun etwas, das man ‚Dialog auf Augenhöhe' nennen kann:
Ich möchte, dass die Kriege in der Welt aufhören.

„Was hat das dann mit der Rückseite von deinem Plakat zu tun?"

Weil die Kriege von diesen Organisationen geplant werden.

„Kannst du das belegen? Beleg` das doch mal! – Dann bitte, beleg' das!"

Lass uns doch darüber sprechen ...

„Das machen wir jetzt. Du bringst jetzt einen Beleg für deine Behauptungen, sonst kannst du das einpacken!"

Ich kann das belegen.

„Also, bitte! Ich halte das mal gschwind. Und dann suchst du die Belege raus! – Jetzt hol` die Belege raus!" – Doch in diesem Moment mischte sich ein weiterer ein: „Wir müssen hier den rechtsradikalen Oberbürgermeister-Kandidat Langhans stoppen!"

Diese Schärfe in der Kommunikation schien sogar den ersten zu überraschen; er schwieg – fast ein wenig betreten. „Mach hier gute Miene zum bösen Spiel", schoss es mir durch den Kopf ... Ich lächelte den anderen an:

Also, mit wem soll ich mich jetzt unterhalten?

Der zweite wollte mich offenbar einfach nur loswerden, er antwortete: „Mit niemand. Nach Hause gehen bitte!" Der erste stimmte mit ein: „Ja, das würde ich auch sagen. Weil, wir wollen weiter (...) – gegen Waffen. ‚Frieden schaffen ohne Waffen!', ist unser Motto."

Da meldete sich ein weiterer, und vielleicht war das der Umstand, der die Situation noch knapp vor der Eskalation bewahrte. Er sagt: „Eine Frage habe ich: Warum sind Sie für die Stärkung der NATO?“ – Offenbar war auch in seinem Kopf die seltsame Gleichung „Langhans=RECHTS“ verankert, und da dachte er, ich sei ein NATO-Anhänger. – Parallel dazu hatte ich einen weiteren in der Runde gefragt:

Übrigens würde mich interessieren (... unverständlich ...), wie Sie auf das Wort ‚rechtsradikal‘ kommen ...? (und zu dem anderen gewandt:) *Ich bin gegen die NATO.*

Sogleich wandte ich mich wieder in die andere Richtung, hin zu dem zweiten, hob mein Schild hoch, präsentierte die Seite mit den durchkreuzten internationalen NGOs: *Das ist doch nicht rechtsradikal, was hier zu lesen ist ...*

Seine Antwort: „Das ist gegen die Vereinten Nationen – aber Sie haben auch was gegen die Juden gesagt.“ – In diesem Augenblick war ich – tatsächlich – völlig baff, es brach aus mir heraus (und ich spürte in mir die Emotionen aufsteigen ...):

Ich habe was gegen die Juden gesagt? – Ich habe nie was gegen die Juden gesagt! (ich beobachtete, wie meine innere Ruhe leicht ins Wanken geriet ...) Wie kommen Sie auf so eine Unterstellung – ich hätte etwas gegen Juden gesagt? – Sagen Sie mal genau, wo Sie das jetzt her haben!

Der Gesprächspartner schwieg, er wusste wohl auch nicht weiter. Da wandte ich mich zur Kamera: *Habt Ihr das gehört, Zuschauer? – Das gibt`s ja wohl nicht!* (zu einer anderen Kamera gewandt, mit der live gestreamt wurde:) *Und da sind wir live! – Wo habe ich was gegen Juden gesagt? Um Gottes willen! So etwas würde mir nie in den Sinn kommen!*

Der zweite informierte einen weiteren, der zum Gespräch neu hinzugetreten (und auf dem Bildschirm nicht zu sehen) war: „Wir müssen den rechten Oberbürgermeister-Kandidat Langhans hier mal (... unverständlich ...). Ein anderer hatte wohl eingewandt, dass man einen Teilnehmer nicht so einfach entfernen könne. Daraufhin entgegnete der zweite: „Aber bitten können wir ihn, bitten ..."

In diesem Moment schaltete sich ein weiterer ein: „Er ist nicht ‚rechts'! Mit was bescheinigen Sie ihm, dass er ‚rechts' ist?" Nun setzte ich wieder an: *Wie kommen Sie darauf, mich hier ...* – Darauf mein Fürsprecher: „Das ist eine Anschuldigung, die müssen Sie erst mal beweisen!"

Irgendwie, wohl auch aufgrund der Intervention von weiteren Teilnehmern, löste sich die emotionale Situation auf. Die übrigen Teilnehmer des Zuges waren inzwischen weitergezogen, so dass unsere Gruppe nun den Abschluss bildete. Da plötzlich wandte sich der erste noch einmal an mich: „Also, ich habe Ihnen gesagt, Sie sind nicht erwünscht hier bei uns auf der Veranstaltung, aber Sie dürfen ... wenn Sie nicht ... – ich kann Sie nicht gewaltsam hier wegbringen. Wir sind eine freie, eine freiheitliche Gesellschaft. Da kann jeder überall hin gehen. Deswegen befinden Sie sich weiterhin hier ..."

Also, dann halten wir so fest: Wir sind zwar nicht erwünscht, aber wir werden nicht verwiesen.

Seine Antwort: „Genau!" (geht rasch nach vorn weiter). Ich hielt mein Gesicht in die Kamera, setze mich auch in Bewegung, mit einer Hand mein Schild wieder hocherhoben:

Huiuiui, liebe Zuschauer – da muss man erst mal richtig durchschnaufen, oder ...? Unglaublich. – Das ist ja wohl der Hammer! Freie Meinungsäußerung ...?

Das wurde von dem Begleiter an meiner Seite aufgegriffen: „Ja, freie Meinungsäußerung ... – man wird hier als ‚rechts' eingestuft. Ein Doktor Langhans wird hier – wirklich wahr – als ‚rechts' eingestuft. Also, mir bleibt jetzt echt die Spucke weg!" –

Ein weiterer fasste die Szene in zwei Worten zusammen: „Das war sehr dramatisch!" Und mein Begleiter ergänzte: „Das darf man laut sagen, ja."

Letztlich war die gesamte Szene – wie so vieles andere Skurrile, das derzeit geschieht – ein Ausdruck der Verwirrtheit der aktuellen Situation. Diese ist gekennzeichnet dadurch, dass die Differenz zwischen medial erzeugter und tatsächlicher Realität in einem schier unerträglichen Maß gewachsen ist. Das führt zu grotesken Situationen – auf die wir im Verlauf der nächsten Bände dieser Reihe noch zu sprechen kommen ...

Allen Beteiligten sei versichert: Niemand hat ein Interesse daran, Recht zu behalten. Es geht um Dialog statt Dialogverweigerung. Lasst uns reden miteinander.

Schlusswort: „Nie wieder!“

Am 26. Februar 2024 brachen aus dem Mund des scheidenden Oberbürgermeisters Gunter Czisch anlässlich seiner Verabschiedungsfeier diese Worte hervor[155]:

„Nur eins will ich sagen: Der Regierungspräsident hat mich genötigt, eine Zielvereinbarung mit dem Land zu unterschreiben, und er weiß genau: Zu Beginn habe ich gesagt: Ein Oberbürgermeister einer freien Reichsstadt unterschreibt keine Zielvereinbarung mit der Obrigkeit – wo komma mir denn do na` …? (Beifall, lächelt) …

… und seitdem habe ich die immer unter Protest, mit einer Protestnote, unterschrieben.“

Wie bitte? Wir schauen noch einmal genau hin. Der Mann, der acht Jahre lang die Würde und Pflichten als Ulmer Oberbürgermeister getragen hat, sagt in aller Öffentlichkeit, dass

- er vom Tübinger Regierungspräsidenten genötigt (!) wurde, eine Verpflichtungserklärung zu unterschreiben
- er sich dieser Aufforderung zunächst verweigert hat
- er so eine „Zielvereinbarung“ dann regelmäßig, offenbar jährlich, unterschreiben musste.

Offenbar war diese Formulierung genau in dieser Weise im Rede-Manuskript von Gunter Czisch enthalten gewesen – was bedeutet, dass er den Begriff „genötigt“ ganz bewusst verwendet hat. Und wir wissen, dass „Nötigung“ ein strafbewehrtes Verbrechen ist. Und Herr Czisch weiß es auch.[156]

---

155 https://www.youtube.com/watch?v=Qao3pRRUM-o&t=6790s

156 Gleich am 26.2.2024 publizierte ich dazu eine Video-Stellungnahme: https://www.youtube.com/watch?v=u_gmOs-NIiY&t=5s

Lässt sich eine noch aussagekräftigere Bestätigung finden, was das Ziel meiner Kandidatur als Oberbürgermeister von Ulm – und all der Aktivitäten, die in diesem Buch dokumentiert sind – gewesen ist?

Daher wiederhole ich hier, in eigenen Worten:

Kein Oberbürgermeister, kein Bürgermeister, kein Landrat – niemals darf wieder ein Mensch, der ausschließlich dem Willen seiner Wähler verpflichtet ist, eine Verpflichtungserklärung unterzeichnen, die ihn in seinen Entscheidungen bindet.

Dafür steht die gesamte, millionenstarke (!) Bürgerrechts- und Menschenrechts-Bewegung in Deutschland, der ich mich verpflichtet weiß.

„Nie wieder" – haben wir nach den totalitären Diktaturen des 20. Jahrhunderts gesagt. Doch der Totalitarismus ist zurückgekommen. Mit Beginn der sog. „Corona"-P(l)andemie hat er seine hässliche Fratze gezeigt.

Wir stehen für Frieden, Freiheit und Selbstbestimmung – gegen Faschismus und Krieg. Diesmal wird es – wirklich – zur unverbrüchlichen Realität:

Nie wieder.

Der Autor

Dr. Daniel Langhans, geboren 1958.
Studium der Mathematik und Geisteswissenschaften.
Promotion mit einer zeitgeschichtlichen Arbeit (über eine deutsche Jugend-Organisation in der Ersten Tschechoslowakischen Republik. 1918–1938).
Seit 1995 selbstständiger Unternehmer, seit 1999 Leiter des Teams Profiakquise und Kommunikationstrainer (www.profi-akquise.de), Begründer der „Werkzeug-gestützten Kommunikation" (Medien, s. u.)

Seit April überdies tätig als Aktivist für die Menschenwürde und publizistisch tätig:

- https://www.linkedin.com/in/daniel-langhans-11811833
- https://t.me/drdaniellanghans
- https://odysee.com/@doktorlanghans:6?view=content
- https://www.youtube.com/@doktorlanghans6539/videos

Publikationen (in Auswahl):
Buch: „Anleitung zum Akquise-Erfolg" (Bad Schussenried 2011)
Hörbuch: „Praktische Werkzeuge für den Verkaufs-Erfolg" (Selbstverlag 2013)